Curiosidad

SERIE INTELIGENCIA EMOCIONAL DE HBR

Serie Inteligencia Emocional de HBR

Cómo ser más humano en el entorno profesional

Esta serie sobre inteligencia emocional, extraída de artículos de la *Harvard Business Review*, presenta textos cuidadosamente seleccionados sobre los aspectos humanos de la vida laboral y personal. Estas lecturas, estimulantes y prácticas, ayudan a conseguir el bienestar emocional en el trabajo.

Mindfulness
Resiliencia
Felicidad
Empatía
El auténtico liderazgo
Influencia y persuasión
Cómo tratar con gente difícil
Liderazgo (Leadership Presence)
Propósito, sentido y pasión
Autoconciencia
Focus
Saber escuchar
Confianza
Poder e influencia
IE Virtual
Energía y motivación
Buenos hábitos
Inclusión
Perseverancia
Gestiona la ansiedad

Otro libro sobre inteligencia emocional de la

Harvard Business Review:

Inteligencia Emocional, 3ª edición

Curiosidad

SERIE INTELIGENCIA EMOCIONAL DE HBR

Reverté Management
Barcelona · México

Harvard Business Review Press
Boston, Massachusetts

Curiosidad
Serie Inteligencia Emocional de HBR
Curiosity
HBR Emotional Intelligence Series

Loreto 13-15, Local B. 08029 Barcelona – España
revertemanagement.com

Edición en papel
ISBN: 978-84-10121-05-8

Edición ebook
ISBN: 978-84-291-9830-0 (ePub)
ISBN: 978-84-291-9831-7 (PDF)

Editores: Ariela Rodríguez / Ramón Reverté
Coordinación editorial y maquetación: Patricia Reverté
Traducción: Genís Monrabà Bueno
Revisión de textos: M.ª Carmen G. Galott

Impreso en España – *Printed in Spain*
Depósito legal: B 16987-2024
Impresión: Liberdúplex
Barcelona – España
#126

Contenidos

1

Las cinco dimensiones de la curiosidad

Todd B. Kashdan, David J. Disabato,
Fallon R. Goodman y Carl Naughton

Los psicólogos han llevado a cabo numerosas investigaciones sobre los múltiples beneficios que aporta la curiosidad. Se sabe que potencia la inteligencia: en un estudio, niños y niñas de entre tres y once años con un alto nivel de curiosidad mejoraron en doce puntos sus calificaciones en las pruebas de inteligencia respecto a quienes sentían menos curiosidad. También incrementa la perseverancia y la determinación: se ha demostrado que el simple hecho de relatar un día en el que sintiéramos curiosidad aumenta la energía mental y física un veinte por ciento más que describir un momento de intensa felicidad. Y la curiosidad nos impulsa hacia un compromiso más profundo, un mejor rendimiento y unos objetivos más significativos:

los estudiantes de psicología que sienten más curiosidad que el resto en su primera clase disfrutan más de las clases, obtienen mejores notas finales y, posteriormente, se matriculan en más cursos de la disciplina.

No obstante, desde nuestro punto de vista, hay otra corriente de investigación sobre la curiosidad que es igual de relevante. Desde los años cincuenta, la psicología ha formulado teorías opuestas sobre lo que hace que una persona sea más curiosa que otra. En lugar de considerar la curiosidad como un rasgo único, ahora podemos desglosarla en cinco dimensiones. Así, en lugar de preguntar: «¿Cuál es tu nivel de curiosidad?», podemos preguntar: «¿Cómo es tu curiosidad?» (ver el Cuadro 1).

Un poco de historia

En la década de los cincuenta, Daniel Berlyne fue uno de los primeros psicólogos en proponer un modelo integral sobre la curiosidad. Argumentaba que todo el mundo busca un punto ideal entre dos estados muy incómodos: la *subestimulación* (tener que afrontar tareas, a personas o situaciones que carecen de suficiente novedad, complejidad, incertidumbre o conflicto) y la *sobreestimulación*. Para ello, utilizamos lo que Berlyne denominó «curiosidad diversiva» (por ejemplo, cuando una persona aburrida busca algo, lo que sea, para aumentar su nivel de excitación) o lo que bautizó como «curiosidad específica» (por ejemplo, cuando una persona hiperestimulada intenta comprender lo que está ocurriendo para reducir su nivel de excitación y hacerlo más manejable).

A partir de las aportaciones de Berlyne, en 1994, George Loewenstein (de la Universidad Carnegie Mellon) formuló la teoría del «vacío de información»; esta postula que la gente se vuelve curiosa al darse cuenta de que carece del conocimiento deseado, lo cual genera una sensación desagradable de incertidumbre que impulsa a descubrir la información que falta.

Pero estas teorías, centradas en nuestro deseo inherente de reducir la tensión, no explican otras

CUADRO 1

¿Cómo es tu curiosidad?

Usa esta escala para indicar hasta qué punto te identificas con las siguientes afirmaciones: 1. No me define en absoluto. 2. Apenas me define. 3. Me define un poco. 4. Neutro. 5. En general me define. 6. La mayoría de las veces me define. 7. Me define por completo.

SENSIBILIDAD A LA CARENCIA

Pensar en soluciones a problemas conceptuales difíciles puede hacer que no me duerma por la noche.

Puedo pasarme horas con un único problema porque no soy capaz de descansar si no sé la respuesta.

Me frustra no poder solucionar un problema, de modo que me esfuerzo aún más para resolverlo.

Trabajo sin descanso en los problemas que creo que es necesario resolver.

Me frustra no disponer de toda la información que necesito.

Total

EXPLORACIÓN GOZOSA

Veo las situaciones difíciles como una oportunidad para crecer y aprender.

Siempre busco experiencias que cuestionen lo que pienso sobre mí o sobre el mundo.

Busco situaciones en las que es probable que deba pensar en profundidad sobre algo.

Disfruto aprendiendo sobre temas que desconozco.

Me resulta fascinante descubrir información nueva.

Total

CURIOSIDAD SOCIAL

Me gusta aprender sobre los hábitos ajenos.

Me gusta descubrir por qué las personas se comportan de una determinada manera.

Cuando otras personas están manteniendo una conversación, me gusta saber de qué se trata.

Cuando estoy cerca de otras personas, me gusta escuchar sus conversaciones.

Cuando hay una pelea, me gusta enterarme de qué pasa.

Total

TOLERANCIA AL ESTRÉS

La más pequeña duda puede impedirme buscar nuevas experiencias.

No puedo soportar el estrés que suponen las situaciones inciertas.

Me resulta difícil explorar lugares nuevos cuando no tengo suficiente confianza en mis capacidades.

Soy incapaz de funcionar bien cuando no sé con certeza si una nueva experiencia es segura.

Me resulta difícil concentrarme si existe la posibilidad de que algo me pille por sorpresa.

Total

(*continúa*)

CUADRO 1 *(continuación)*

BÚSQUEDA DE LA EMOCIÓN

La ansiedad por hacer algo nuevo me estimula y me hace sentir vivo/a.

Asumir riesgos me resulta excitante.

Cuando tengo tiempo libre, me gusta hacer cosas que me asusten un poco.

Emprender una aventura sobre la marcha me resulta mucho más atractivo que si está planificada.

Prefiero tener amistades que sean en cierto modo impredecibles.

Total

Instrucciones para la puntuación: calcula la puntuación media de cada dimensión (invierte la puntuación del apartado «Tolerancia al estrés»). Comparando tus resultados con los de una muestra nacional representativa de Estados Unidos puedes determinar si tu puntuación en cada dimensión es baja, media o alta. Consulta «Qué significa tu puntuación» para interpretarla.

¿Qué significa tu puntuación?

Sensibilidad a la carencia	**Exploración gozosa**	**Curiosidad social**	**Tolerancia al estrés**	**Búsqueda de la emoción**
Baja <3,7	Baja <4,1	Baja <3,0	Baja <3,1	Baja <2,6
Media +/–4,9	Media +/–5,2	Media +/–4,4	Media +/–4,4	Media +/–3,9
Alta >6,0	Alta >6,3	Alta >5,8	Alta >5,8	Alta >5,2

expresiones de la curiosidad como la de los turistas paseando por un museo, la de la gente emprendedora analizando el *feedback* de sus usuarios sobre una versión beta de su producto o la de las personas que se quedan absortas en un libro. Edward Deci, de la Universidad de Rochester, las estudió en los años setenta, y argumentó que la curiosidad también refleja la motivación intrínseca «para buscar novedad y desafíos, ampliar y ejercitar nuestras capacidades, y explorar y aprender». Es decir, nos sirve no solo para evitar la incomodidad, sino también para generar experiencias positivas.

En otra serie de investigaciones, el psicólogo de la Universidad de Delaware Marvin Zuckerman se pasó cinco décadas (desde los años sesenta hasta los 2000) estudiando la *búsqueda de sensaciones* y la disposición a asumir riesgos para adquirir experiencias variadas, novedosas e intensas. En 2006, la psicóloga Britta Renner, de la Universidad de Konstanz, inició el estudio de la *curiosidad social*, esto es, el interés acerca de cómo piensan, sienten y se comportan otros individuos.

El modelo de las cinco dimensiones

Al sintetizar estas y otras investigaciones clave, y junto con nuestro colega de la Universidad George Mason, Patrick McKnight, creamos un modelo de la curiosidad basado en cinco dimensiones.[1] La primera, derivada del trabajo de Berlyne y Loewenstein, es la *sensibilidad a la carencia*, que reconoce un vacío en el conocimiento y obtiene alivio al cubrirlo. Este tipo de curiosidad no genera de por sí buenas sensaciones, pero quienes la experimentan trabajan sin descanso para resolver problemas.

La segunda dimensión, influenciada por las investigaciones de Deci, es la *exploración gozosa*, es decir, el hecho de dejarse llevar por el asombro ante las fascinantes manifestaciones de la realidad. Se trata de un estado placentero en el que la gente parece experimentar alegría de vivir.

La tercera dimensión, que surge de las investigaciones de Renner, es la *curiosidad social*: hablar, escuchar y observar a otras personas para aprender de lo que piensan y hacen. Los seres humanos somos, en esencia, animales sociales, y la manera más real y eficaz de determinar si alguien es amigo o enemigo es obtener información sobre esa persona. Hay quien incluso puede llegar a indagar, espiar o cotillear para conseguirla.

La cuarta dimensión, basada en el trabajo del psicólogo Paul Silvia, de la Universidad de Carolina del Norte, en Greensboro, es la *tolerancia al estrés*, es decir, la predisposición a aceptar e incluso sacar partido de la ansiedad asociada a la novedad. Las personas que carecen de esta capacidad experimentan sensibilidad a la carencia, se asombran y se interesan por los demás, pero son poco propensas a dar un paso adelante y explorar.

La quinta dimensión, inspirada en Zuckerman, es la *búsqueda de la emoción*: la disposición a asumir riesgos físicos, sociales y económicos para adquirir experiencias variadas, complejas e intensas. Las personas que sienten este tipo de curiosidad pretenden intensificar la ansiedad de afrontar la novedad, no disminuirla.

Hemos puesto a prueba este modelo desde varias perspectivas. Por ejemplo, con Time Inc. hicimos encuestas en todo el territorio de EE. UU. para descubrir cuáles de estas dimensiones conducen a mejores resultados y qué beneficios concretos generan. Así, la exploración gozosa es la más vinculada con la experimentación de emociones positivas intensas. Por su parte, la tolerancia al estrés es la dimensión más relacionada con querer satisfacer la necesidad de competencia, autonomía y un sentido de pertenencia. Y la curiosidad social es la más asociada con el hecho de ser una persona amable, generosa y modesta.

Con Merck KGaA exploramos las actitudes y expresiones de la curiosidad relacionadas con el trabajo. En una encuesta a 3000 trabajadores de China, Alemania y los Estados Unidos, descubrimos que el 84 % cree que la curiosidad abre paso a nuevas ideas; el 74 % opina que inspira cualidades únicas y valiosas, y el 63 % considera que ayuda a obtener un ascenso. En otros estudios, con muestras y ubicaciones diversas, obtuvimos evidencias de que cuatro dimensiones (exploración gozosa, sensibilidad a la carencia, tolerancia al estrés y curiosidad social) mejoran los resultados en el trabajo. Las dos últimas son, al parecer, cruciales: sin capacidad para tolerar el estrés es menos probable que el personal de una empresa busque desafíos y recursos, o que exprese su desacuerdo; además, estas personas presentan mayor propensión a irritarse y perder la motivación. Por otro lado, a los trabajadores con curiosidad social se les da mejor resolver conflictos con sus colegas, suelen recibir más apoyo social y son mejores forjando relaciones de confianza y compromiso en su equipo. Las personas o grupos que presentan altos niveles de ambas dimensiones son más innovadores y creativos.

Por tanto, una visión monolítica de la curiosidad no es suficiente para comprender el modo en que este rasgo conduce al éxito y a la realización en el trabajo y en la vida personal. Para descubrir y aprovechar el talento, y también para formar grupos que aporten más valor que la suma de sus partes es necesario un enfoque más matizado.

TODD B. KASHDAN es profesor de Psicología en la Universidad George Mason, donde investiga acerca del bienestar, la flexibilidad psicológica, la curiosidad, la valentía y la resiliencia. Es autor de *Curious? The upside of your dark side, and the art of insubordination*. DAVID J. DISABATO está cursando un doctorado en Psicología Clínica en la Universidad George Mason y es consultor de Time Inc. y Merck KGaA. FALLON R. GOODMAN está cursando un doctorado en Psicología Clínica en la Universidad George Mason y es consultora de Time Inc. y Merck KGaA. CARL NAUGHTON es lingüista, especialista en ciencias de la educación y consultor de Merck KGaA.

Nota

1. Todd B. Kashdan y otros, «The five-dimensional curiosity scale: capturing the bandwidth of curiosity and identifying four unique subgroups of curious people», *Journal of Research in Personality 73* (2018): 130-149.

Reimpreso de *Harvard Business Review*, septiembre-octubre de 2018 (producto #S18053).

2

Desarrolla el músculo de la curiosidad

Tomas Chamorro-Premuzic

La curiosidad se define como la motivación por aprender, la apertura a ideas innovadoras y la exploración de nuevos entornos y situaciones.[1] Con esta definición en mente, hay razones evidentes para querer aprovechar y desarrollar nuestra curiosidad.

En primer lugar, la curiosidad es un factor crucial para el liderazgo eficaz. Si pretendes dirigir o liderar a personas, te será útil mostrar curiosidad, entre otras cosas porque ayudará *a los demás* a aprovechar su propia curiosidad.[2]

En segundo lugar, la curiosidad nos da la capacidad de seguir aprendiendo, algo esencial para asegurar nuestro futuro vital y profesional. Mi libro *I, human: AI, automation, and the quest to reclaim what makes us unique* ilustra cómo las habilidades necesarias para seguir el ritmo en un entorno laboral cambiante evolucionan con tanta rapidez que poner en forma el músculo de la curiosidad se ha convertido en un mecanismo de supervivencia.

En tercer lugar, las empresas lo están pidiendo. La curiosidad se menciona con frecuencia como una de las dimensiones fundamentales y más buscadas del talento profesional, con independencia del puesto, el sector o el nivel de experiencia.[3] Por ejemplo, en ManpowerGroup, nuestros seleccionadores de personal y cazatalentos suelen contratar en función de la curiosidad, algo que la clientela aprecia. La razón es clara: aunque no sepamos cuáles serán los trabajos del mañana, la motivación del personal y su capacidad para mejorar y reciclarse para ellos aumentará de forma significativa si uno de sus rasgos es la curiosidad.[4]

Entonces, ¿qué podemos hacer para desarrollar y ejercitar el músculo de la curiosidad?

Presentamos a continuación cinco recomendaciones basadas en la evidencia científica.

No pongas excusas

Todo el mundo quiere sentir curiosidad, y pocas cosas resultan tan gratificantes desde el punto de vista intelectual como aprovecharla, sea para cuestiones triviales o existenciales.[5] Sin embargo, en el camino de dar rienda suelta a nuestras mentes hambrientas se interponen demasiados obstáculos. Entre los impedimentos habituales suele haber cosas como la falta de tiempo, la obligación de centrarse en tareas predecibles y presentar resultados «seguros», o hallarse en entornos laborales aburridos o poco estimulantes.[6]

Pero esto no son más que excusas. En realidad, nada nos impide aprovechar nuestra curiosidad. Se trata solo de elegir las prioridades adecuadas y hacer un esfuerzo por aprender, tener nuevas experiencias y cubrir la brecha entre lo que sabemos y lo que queremos saber.[7] Esta es la razón por la que los miembros de un mismo equipo o empresa muestran niveles de curiosidad muy diferentes, aunque los dirija la misma persona.[8]

Así pues, no esperes que sea tu superior quien saque partido a tu curiosidad; es tu responsabilidad. Aquí tienes algunos ejemplos prácticos de aspectos que pueden ayudarte a incrementar el nivel de curiosidad en tu entorno laboral:

- Dedica entre veinte y treinta minutos al día a cultivar la curiosidad, aunque sea fuera de tu horario laboral.
- Comparte ideas con tus colegas, en especial sobre cuestiones relacionadas con estrategias a largo plazo o con la mejora de los procesos y estrategias existentes.
- Adquiere el hábito de preguntarte *por qué* tan a menudo como sea posible, para llegar al meollo de las cosas y explorarlas en profundidad en lugar de superficialmente.

Halla el enfoque adecuado

Una de las cuestiones más evidentes que hay que abordar para potenciar la curiosidad es preguntarnos *qué*. Es decir, tal vez deseemos tener curiosidad, pero ¿curiosidad por *qué*?[9] Como es lógico, resulta mucho más fácil mostrar curiosidad por cosas que ya nos interesan. En este sentido, es útil identificar nuestra motivación intrínseca. En palabras de Charles Bukowski, «halla lo que amas y deja que te mate»[10] (bueno, no de forma literal). Hazte las siguientes preguntas:

- ¿Sobre qué te gustaría saber más?
- ¿En qué área te gustaría ser experto/a?
- ¿Qué preguntas o temas podrían absorberte durante siglos y hacerte perder la noción del tiempo?

Asimismo, es fundamental que detectes *espacios en blanco*, es decir, momentos y lugares en los que puedas evitar distraerte con el trabajo o las tareas cotidianas y dedicarte a pensar en profundidad.[11] En esencia: identificar el problema adecuado y enamorarse de él equivale a ganar la mitad de la batalla.[12] A partir de ahí, tu curiosidad será tu combustible.

Sin duda, en muchos casos descubrir o alimentar la curiosidad por cosas poco interesantes también puede ayudar. Ahí el truco consiste en detectar el ángulo o la dimensión del problema que más te interese. Por ejemplo, tal vez no te atraiga la tecnología y te resulte aburrido y poco inspirador trabajar en un problema tecnológico. Pero con un poco de reflexión y exploración es posible dar con ciertas perspectivas humanas o psicológicas que sí te interesen y que también estén relacionadas con la tecnología (por ejemplo, cómo influye esta en la productividad, la moral, la alienación o el bienestar). Descubrir un enfoque interesante convierte las tareas extrínsecas y rutinarias en actividades útiles y significativas, y despierta nuestra curiosidad, lo que a su vez reforzará nuestros conocimientos.

Cambia tu rutina

La investigación ha demostrado que uno de los rasgos más comunes de las personas creativas y curiosas es que son alérgicas a la rutina; les provoca de forma automática aburrimiento y desinterés.[13] Introducir cambios en la rutina creará experiencias novedosas que pueden suscitar nuevas ideas y preguntas.

Piensa en actividades como interactuar con gente distinta a la que tratas, ves o con quien trabajas en un día normal; cambiar el momento y la forma de llevar a cabo tus tareas habituales; modificar tu ruta para ir al trabajo; comer en sitios distintos, o buscar planes diferentes para el fin de semana.[14] Pequeños cambios en tu rutina —por ejemplo, dónde colocas el portátil, con quién vas a comer, a qué reuniones virtuales asistes (o dejas de asistir) o qué nuevas aficiones pruebas fuera del trabajo— también pueden tener un gran impacto en tu actitud y curiosidad.

Dado que el cerebro es sobre todo perezoso, tenemos tendencia a maximizar la familiaridad y a evitar la novedad, porque puede generarnos estrés, ansiedad o más trabajo.[15] En una situación nueva hay que pensar qué hacer, en lugar de poner el piloto automático.[16] Por tanto, pequeños cambios en tu rutina aportarán novedad y variedad a tu vida. Incluso la variación aleatoria puede despertar la curiosidad y dar lugar a nuevos intereses.

Experimenta

La principal ventaja de la curiosidad es que suele ser divertida.[17] De hecho, mejora la capacidad de enfoque y concentración, y crea un estado óptimo para que fluyan la creatividad y la experimentación.[18] Considéralo una oportunidad para probar cosas, combinar nuevas ideas y plantearte preguntas más profundas y significativas que quizá te lleven a territorios desconocidos y a adquirir conocimientos especializados.

Es curioso, pero los avances en inteligencia artificial, sobre todo en IA generativa, han restado valor al conocimiento humano, ya que la IA siempre tendrá más respuestas a más preguntas que cualquier ser humano.[19] Y, sin embargo, la IA sigue dependiendo de los seres humanos para formular preguntas o dar indicaciones. Incluso si, en última instancia, aprendiera a preguntarse a sí misma, se limitaría a replicar las indicaciones humanas.

Está claro que una de nuestras cualidades principales, y en exclusiva humanas, es la capacidad para experimentar una curiosidad libre, una curiosidad *agente*, que surge de la propia persona, de su intuición o sus intereses personales, así como de la serendipia. Aunque conozcamos el punto de partida, nunca conocemos de verdad el final.

Por lo tanto, prepárate para la experimentación saliendo de tu zona de confort con el fin de indagar sobre nuevos temas y comprender cosas en las que nunca habías pensado. La evidencia científica demuestra que la búsqueda de novedades es uno de los indicadores más consistentes de la curiosidad.[20] Prueba cosas, sobre todo si no están relacionadas de forma evidente con tus valores, preferencias o experiencias. Descubre el gozo de los nuevos intereses, los placeres culpables y la variedad. Y, como señala Amy Edmondson, profesora de la Harvard Business School, en *Right kind of wrong: The science of failing well*, ten la curiosidad suficiente para aprender de tus errores y convertirlos en «fracasos inteligentes».

Si te aburres, cambia

Usar el músculo de la curiosidad debería ser una experiencia agradable, más parecida a nadar que al levantamiento de pesas. Si sientes que te has estancado, que te falta interés o te has saciado (como los niños cuando se les obliga a terminar unos deberes repetitivos y aburridos), cambia de tarea y dale a tu mente la libertad de maravillarse y divagar.[21] Tu curiosidad debería impulsarte hacia un aprendizaje sin esfuerzo y una concentración gozosa, igual que las olas impulsan la tabla de surf o el viento el velero.

Esta es la diferencia entre la exploración y la experimentación autodirigidas —que liberan la curiosidad profunda— y el aprendizaje extrínseco, que tiende a ir en su contra. Así, en lugar de reprimir tus intereses genuinos y tu pasión por aprender, deja que te guíen hacia los lugares a los que en realidad quieres ir.

Un último punto a tener en cuenta: como cualquier otro rasgo psicológico, la curiosidad presenta una parte innata y otra que se cultiva. Esto significa que cada individuo tiene una determinada predisposición a ser más (o menos) curioso, con independencia de dónde esté y de su entorno. Dicho esto, hay mucho margen de mejora. Las estimaciones más optimistas indican que la curiosidad es innata en un 50 %, lo que supone que alrededor de otro 50 % es maleable (aunque gran parte se consolidará en la edad adulta).[22]

Por tanto, aunque es poco probable que alguien que no sea curioso por naturaleza alcance de repente los niveles de curiosidad de Einstein (y viceversa), todo el mundo puede reforzar o modificar su nivel base de curiosidad. Pero esto, como cualquier habilidad, requiere dedicación.

¿Estás lista/o para hacer flexiones?

TOMAS CHAMORRO-PREMUZIC es director de innovación de ManpowerGroup, profesor de Psicología Empresarial en el University College London y en la Universidad de Columbia, cofundador de deepersignals.com y socio del Enterpreneurial Finance Lab de Harvard. Es autor de *¿Por qué tantos hombres incompetentes se convierten en líderes?* (Harvard Business Review Press, 2019), libro en el que basó su charla TEDx. Su último libro es *I, human: AI, automation, and the quest to reclaim what makes us unique* (Harvard Business Review Press, 2023). Le encontrarás en www.drtomas.com.

Notas

1. Celeste Kidd y Benjamin Y. Hayden, «The psychology and neuroscience of curiosity», *Neuron* 88, n.º 3 (2015): 449-460.

2. Timothy A. Judge y otros, «Personality and leadership: A qualitative and quantitative review», *Journal of Applied Psychology* 87, n.º 4 (2002): 765-780.
3. Hari Srinivasan, «The trending skill you didn't know you needed: curiosity», LinkedIn, 21 de mayo de 2020, https://www.linkedin.com/business/learning/blog/top-skills-and-courses/the-trending-skill-you-didn-t-know-you-needed-or-future-proof
4. Sophie von Stumm, Benedikt Hell y Tomas Chamorro-Premuzic, «The hungry mind: Intellectual curiosity is the third pillar of academic performance», *Perspectives on Psychological Science 6*, n.º 6 (2011): 574-588.
5. Nicola S. Schutte y John M. Malouff, «Connections between curiosity, flow and creativity», *Personality and Individual Differences 152* (2020), https://doi.org/10.1016/j.paid.2019.109555
6. Daniel T. Willingham, «Why aren't we curious about the things we want to be curious about?», *New York Times*, 18 de octubre de 2019, https://www.nytimes.com/2019/10/18/opinion/sunday/curiosity-brain.html; Paul J. Silvia, «Interest—The curious emotion», *Current Directions in Psychological Science 17*, n.º 1 (2008): 57-60; Filip Lievens y otros, «Killing the cat? A review of curiosity at work», *Academy of Management Annals 16*, n.º 1 (2022): 179-216.
7. Jordan Litman, Tiffany Hutchins y Ryan Russon, «Epistemic curiosity, feeling-of-knowing, and exploratory behaviour», *Cognition and Emotion 19*, n.º 4 (2005): 559-582.

8. Todd B. Kashdan y otros, «Curiosity has comprehensive benefits in the workplace: Developing and validating a multidimensional workplace curiosity scale in United States and German employees», *Personality and Individual Differences 155* (2020), https://doi.org/10.1016/j.paid.2019.109717
9. Zhaozhen Xu y otros, «What makes us curious? Analysis of a corpus of open-domain questions», documento de trabajo, 28 de octubre de 2021, https://arxiv.org/abs/2110.15409
10. Charles Bukowski, manuscritos, https://bukowski.net/manuscripts/
11. Regan Bach, «Creating "white space": The key to increased creativity and productivity», *Medium*, 2 de febrero de 2019, https://reganbach.medium.com/creating-white-space-the-key-to-increased-creativity-and-productivity-50af0d1c2811
12. Nicola S. Schutte y John M. Malouff, «A meta-analysis of the relationship between curiosity and creativity», *Journal of Creative Behavior 54* (2019): 940-947.
13. Vered Amit (ed.), *Thinking through sociality: An anthropological interrogation of key concepts* (Nueva York: Berghahn Books, 2015).
14. Tomas Chamorro-Premuzic, «Failures can lead to success. Scientists help you predict which ones will», *Fast Company*, 25 de agosto de 2023, https://www.fastcompany.com/90942289/how-to-predict-whether-failures-may-actually-lead-to-success-according-to-science

15. Lisa Feldman Barrett, «Your brain is not for thinking», *New York Times*, 23 de noviembre de 2020, https://www.nytimes.com/2020/11/23/opinion/brain-neuroscience-stress.html
16. Daniel Kahneman, *Thinking, fast and slow* (Nueva York: Farrar, Straus and Giroux, 2013).
17. Marco Lauriola y otros, «Epistemic curiosity and self-regulation», *Personality and Individual Differences 83* (2015): 202-207.
18. Todd B. Kashdan, Paul Rose y Frank D. Fincham, «Curiosity and exploration: Facilitating positive subjective experiences and personal growth opportunities», *Journal of Personality Assessment 82*, n.º 3 (2004): 291-305.
19. Tomas Chamorro-Premuzic, «How ChatGPT is redefining human expertise: Or how to be smart when AI is smarter than you», *Forbes*, 12 de enero de 2023, https://www.forbes.com/sites/tomaspremuzic/2023/01/12/how-chatgpt-is-redefining-human-expertise-or-how-to-be-smart-when-ai-is-smarter-than-you/?
20. Naomi Wentworth y Sam L. Witryol, «Curiosity, exploration, and novelty-seeking», en Marc H. Bornstein y otros (eds.), *Well-being: Positive development across the life course* (Mahwah, NJ: Lawrence Erlbaum Associates Publishers, 2003), 281-294.
21. Tengteng Tan, Hong Zou, Chuansheng Chen y Jin Luo, «Mind wandering and the incubation effect in insight problem solving», *Creativity Research Journal 27*, n.º 4 (2015): 375-382.

22. Robert Plomin, *Blueprint: How DNA makes us who we are* (Cambridge, MA: MIT Press, 2018); Tomas Chamorro-Premuzic, «If you want to change, don't read this», hbr.org, 26 de diciembre de 2013, https://hbr.org/2013/12/if-you-want-to-change-dont-read-this

Adaptación de «How to build your curiosity muscle», hbr.org, 3 de noviembre de 2023 (producto #H07V9C).

3

Convierte el aprendizaje continuo en parte de tu rutina

Helen Tupper y Sarah Ellis

Nuestra capacidad para aprender se está convirtiendo en la base de nuestra carrera. Si antes íbamos a trabajar para aprender un oficio, ahora el oficio es aprender. Las personas que aprenden de forma adaptativa y proactiva son activos muy preciados para las empresas; cuando invertimos en aprendizaje, generamos dividendos a largo plazo para el desarrollo de nuestra carrera profesional.

Reid Hoffman, fundador de LinkedIn, afirma que al evaluar a los creadores de proyectos para posibles inversiones busca a personas con una «curva de aprendizaje infinita», es decir, que aprendan de forma constante y con rapidez.[1] Satya Nadella, CEO de Microsoft, recordó la importancia del aprendizaje al decir: «Al "apréndelotodo" siempre le irá mejor que al sabelotodo».[2]

No obstante, la cosa tampoco es tan sencilla como limitarse a adquirir nuevos conocimientos. Las carreras profesionales son cada vez menos lineales: cambiamos de puesto con más frecuencia y fluidez, y nos desarrollamos en diferentes direcciones. Así que la capacidad para desaprender, aprender y volver a aprender es fundamental en el éxito a largo plazo. A partir de nuestra experiencia diseñando y dando formación sobre desarrollo profesional a más de 50.000 personas en todo el mundo (trabajando con empresas como Microsoft, Virgin o Levi's) hemos identificado diversas técnicas y herramientas que pueden ayudarte a que el aprendizaje forme parte de tu desarrollo habitual.

Aprender

Puesto que dedicamos gran parte de nuestro tiempo, energía y esfuerzo al trabajo, en el ámbito laboral hallaremos las principales oportunidades de aprendizaje.

Aun así, resulta difícil, porque no invertimos de manera intencionada en nuestro desarrollo cotidiano; las tareas habituales nos ocupan tanto tiempo que no queda espacio para nada más. Lo que ocurre es que no priorizar el propio desarrollo es una estrategia profesional arriesgada, porque nos resta resiliencia y capacidad para responder a los cambios que ocurren alrededor.

A continuación, presentamos tres maneras de asumir la responsabilidad de aprender en el trabajo.

Aprender de los demás

Las personas con las que pasamos tiempo son una fuente importante de conocimiento. Crear una comunidad de aprendizaje diversa te ofrecerá nuevas perspectivas y reducirá el riesgo de que acabes dándote siempre la razón. Márcate el objetivo de tomar un «café de la curiosidad» una vez al mes, sea virtual o en persona, con alguien a quien no conozcas. Puede ser un miembro de otro departamento que te ayude a contemplar la empresa desde un nuevo punto de vista, o alguien en tu mismo puesto pero en otra empresa, y que amplíe tus conocimientos. Expande aún más tu curiosidad terminando cada conversación con la pregunta: «¿Con quién más crees que sería útil que me pusiera en contacto?». Esto no solo da la posibilidad de establecer nuevas relaciones, sino que también podrás beneficiarte de un contacto directo.

Experimentar

Los experimentos nos ayudan a probar, aprender y adaptarnos mientras avanzamos. Existen infinitas formas de experimentar en el trabajo: por ejemplo, emplear distintas herramientas para incrementar la interactividad en las reuniones virtuales e híbridas, reorganizar las reuniones para potenciar la participación y la productividad, o incluso poner a prueba nuevas tácticas de negociación.

Para que un experimento sea eficaz, ha de ser una elección consciente y debe estar claro que es una oportunidad para aprender. Nuestra recomendación es que lleves un *registro de aprendizaje rápido* en el que anotes los experimentos que haces y lo que vas aprendiendo con ellos. Es básico tener en cuenta que algunos experimentos pueden fracasar: es la esencia de explorar lo desconocido.

Diseñar un plan de aprendizaje colectivo

A lo largo de nuestras irregulares trayectorias profesionales, todo el mundo aprende y todo el mundo enseña. Plantéate con tu equipo cómo diseñar un plan de aprendizaje colectivo en el que cada cual aprenda de los demás y con los demás. Ciertas empresas utilizan con eficacia el *intercambio de habilidades*; esto consiste en que cada individuo comparte una habilidad y está dispuesto a ayudar a que la aprendan otros. Esto podría plantearse como un «solucionador de problemas creativo»: la gente se ofrece a compartir los procesos y herramientas que le resultan más útiles. Otra posibilidad sería que, por ejemplo, una persona experta en programación organice almuerzos de aprendizaje para principiantes. Los intercambios de habilidades son un buen ejemplo de desarrollo democratizado, en el que todo el mundo tiene algo que aportar y aprende de forma continua.

Desaprender

Desaprender significa abandonar lo seguro y conocido, y sustituirlo por algo nuevo y desconocido. Las habilidades y conductas que te han ayudado a llegar adonde estás pueden luego impedirte llegar adonde quieres estar. Por ejemplo, un líder tal vez tenga que desaprender su costumbre de ser siempre quien habla primero en las reuniones. O alguien que lleva poco en un cargo directivo quizá tenga que desaprender a decir siempre que sí al incremento de su carga de trabajo. Tanto si acabas de empezar en el mundo laboral como si posees años de experiencia, desaprender puede resultarte incómodo. Pero, créelo, eres más adaptable de lo que piensas.

A continuación, presentamos tres maneras de lograr que desaprender sea parte de tu forma de trabajar.

Relacionarte con personas que te cuestionen

Desaprendes cuando miras un problema o una oportunidad desde un nuevo prisma. Es más probable que esto ocurra si pasas tiempo con personas que te cuestionan y piensan de forma distinta a ti. El objetivo de relacionarte con gente que te cuestione no es ponerse de acuerdo ni debatir, sino escuchar y reflexionar: «¿Qué puedo aprender de esta persona?».

Por tanto, busca a quienes tengan una experiencia opuesta a la tuya en algún aspecto. Por ejemplo, si trabajas en una gran empresa, encuentra a alguien que solo haya trabajado por cuenta propia. Si cuentas con veinticinco años de experiencia, busca a alguien que esté empezando. Quienes han tomado decisiones diferentes a las tuyas o tienen experiencia en otras áreas pueden ayudarte a descubrir una nueva fuente de retos. Muchas veces la mejor manera de explorar puntos de vista alternativos es preguntar a la gente: «¿Cómo abordarías tú este reto?» o «¿Cuál ha sido tu experiencia en esta situación?».

Identificar hábitos y lastres

Todo el mundo tiene hábitos que le han ayudado a llegar donde está. Sin embargo, los hábitos pueden crear puntos ciegos que impiden ver formas diferentes de hacer las cosas o nuevos enfoques que probar. El cerebro usa los hábitos para crear atajos mentales, y esto te hará perder oportunidades para reflexionar y desaprender tus respuestas automáticas.

Cambiar de hábitos es difícil, eso está claro. Así que, para progresar, *identifica un hábito* que suponga un lastre para ti. Debe ser algo que haces por defecto cada semana en el trabajo y que creas que te está impidiendo avanzar de alguna manera, quizá porque le dedicas mucho tiempo o porque detectas que tu aprendizaje se ha estancado en un área. Puede tratarse de un pequeño hábito —como ser quien estipula siempre el orden del día en las reuniones— o algo más relevante —como ser quien resuelve los problemas de los demás—. Tu misión es abandonar ese hábito y probar algo nuevo. Por ejemplo, si te encargas siempre de establecer el orden del día de las reuniones, pide voluntarios para que asuman esa tarea en los próximos tres meses. Si tienes tendencia a resolver problemas ajenos, prueba a hacer preguntas abiertas como «¿Qué ideas se te ocurren?» o «¿Qué has probado hasta ahora?».

Hacer preguntas estimulantes

Las *preguntas estimulantes* alteran nuestro *statu quo* y nos animan a explorar formas distintas de hacer las cosas. Suelen empezar con: «¿Cómo podríamos...?», «¿Cómo podría yo...?» o «¿Qué pasaría si...?». Estas preguntas están diseñadas para evitar que los conocimientos existentes limiten nuestra capacidad de imaginar nuevas posibilidades. En otras palabras, nos impulsan hacia el futuro y a actuar de forma positiva en el presente.

Para poner en práctica las preguntas estimulantes resulta útil emparejarse con alguien, y preguntar y responder por turnos. Estas cinco preguntas para intercambiar con un colega pueden serte útiles para empezar:

1. Piensa en cómo serán las cosas dentro de diez años. ¿Qué cambios significativos habrá habido en tu sector?
2. ¿Cómo podrías repartirte el trabajo con un robot o una IA?
3. ¿Cuál de tus puntos fuertes sería más útil si tu empresa doblara su tamaño?
4. ¿Cómo podrías aprovechar tu talento si tu sector desapareciera de la noche a la mañana?
5. Si tuvieras que reflotar este negocio mañana, ¿qué harías de forma diferente?

Reaprender

Reaprender consiste en reconocer que tu forma de aplicar tus cualidades siempre está cambiando, y que tu potencial está en permanente desarrollo. Hay que reevaluar de manera periódica las propias capacidades y adaptarlas al contexto. Por ejemplo, la colaboración sigue siendo tan básica como siempre, pero quizá estés reaprendiendo a colaborar en un mundo laboral híbrido. O puede que hayas cambiado de profesión y estés reaprendiendo a aprovechar tu talento en un nuevo entorno.

A continuación, presentamos tres maneras de reaprender para que sigas siendo ágil ante el cambio.

Expande tus puntos fuertes

Una forma de reforzar las propias cualidades es usarlas en el máximo número de situaciones posibles. Si experimentas demasiada comodidad aplicándolas siempre de la misma manera, entonces tu desarrollo se estanca. Si pretendes resolver problemas usando tus puntos fuertes tienes que reaprender a utilizarlos para ofrecer apoyo o resolver problemas fuera del trabajo habitual, ya sea en tu red de contactos, en organizaciones en las que haces voluntariado o incluso en proyectos paralelos en los que te hayas involucrado. Una de las participantes en nuestros talleres es un ejemplo de esto: es directora de marketing comercial y aplica su creatividad no solo a su trabajo principal, sino también al exitoso negocio de bizcochos que montó durante la pandemia.

Obtén opiniones frescas

Contemplar tus habilidades desde el punto de vista de otra persona te ayudará a identificar oportunidades para reaprender. Pedir opiniones ajenas puede abrirte los ojos ante los puntos ciegos de tu desarrollo y contribuir a que recuperes el control sobre él. Si el objetivo es reaprender, hemos comprobado que plantear las preguntas usando fórmulas como *aún mejor* o *aún más* facilita que la otra persona se sienta segura a la hora de compartir sus opiniones. Por ejemplo: «¿Cómo podría conseguir que mis presentaciones fueran aún mejores? ¿Cómo podría lograr que nuestras reuniones de equipo fueran aún más productivas? ¿Cómo sería posible que mi rendimiento mejorase aún más?».

Resiliencia para reaprender

Para reaprender hace falta resiliencia. Si eres pesimista respecto a tu progreso, tal vez sientas la tentación de tirar la toalla. Por tanto, volver a centrarte en lo que funciona puede ayudarte a seguir avanzando.

Prueba a anotar tres *pequeños éxitos* al final de cada día durante dos semanas; pueden ser de tu vida personal o profesional. Aunque al principio te resultará difícil detectarlos, cuanto más lo practiques más fácil será. Un pequeño éxito puede ser pedirle opinión a otra persona, ayudar a un colega a preparar una presentación, tomarte un descanso para comer o cocinar un plato por primera vez. Al cabo de dos semanas tendrás 42 pequeños éxitos, y esto te dará la motivación y el impulso necesarios para seguir invirtiendo en tu desarrollo, incluso cuando te resulte difícil.

No podemos predecir cómo se desarrollará nuestra carrera ni cómo será el mundo laboral en el futuro, pero sí podemos dar algunos pasos para adaptarnos mejor a las nuevas circunstancias. Invertir en capacidad para aprender, desaprender y reaprender nos ayuda a prepararnos mejor para las oportunidades que cambian el presente, y a ser más resilientes ante los inevitables retos que irán surgiendo a lo largo del camino.

HELEN TUPPER y SARAH ELLIS son las fundadoras de Amazing If, una premiada empresa cuya misión es ayudar a cualquier persona a mejorar su carrera profesional. Juntas son autoras de dos superventas del *Sunday Times*: *The squiggly career* y *You coach you*. Su charla TEDx «The best career path isn't always a straight line» la han visto más de dos millones de personas, y su podcast semanal, *Squiggly Careers*, ha tenido más de cuatro millones de descargas. Amazing If trabaja con empresas como Microsoft, Levi's, BBC, Danone y Visa con el fin de ayudar a la gente a adquirir las habilidades necesarias para tener éxito, teniendo en cuenta que la trayectoria profesional casi nunca es lineal.

Antes de fundar Amazing If, Sarah había ocupado puestos directivos en Barclays y Sainsbury's, y más tarde fue directora general de la agencia creativa Gravity Road. Además, fue alumna de las escuelas de negocios de Harvard, Londres y Warwick (MBA), y es coach profesional cualificada y experta en primeros auxilios para la salud mental. También es copresidenta de la junta asesora del Mayor of London Workspace. Vive en Londres con su pareja y su hijo Max, un niño de seis años amante de los bichos. Puedes seguirla en LinkedIn y encontrarás herramientas gratuitas de desarrollo profesional en www.amazingif.com.

Antes de fundar Amazing If, Helen había ocupado puestos directivos en Microsoft, Virgin y BP, y le concedieron la beca MBA Women in Leadership, del FT & 30% Club. En 2023, Helen obtuvo una plaza en el programa International Winning Women, de EY. Es madre de Henry y Madeleine. Puedes seguirla en LinkedIn y encontrarás herramientas gratuitas de desarrollo profesional en www.amazingif.com.

Notas

1. Adam Bryant, «What Reid Hoffman wants in a founder: "An infinite learning curve"», CNBC, 5 de noviembre de 2018, https://www.cnbc.com/2018/11/04/what-reid-hoffman-wants-in-a-founder-an-infinite-learning-curve.html
2. Jessi Hempel, «Satya Nadella on growth mindsets: "The learn-it-all does better than the know-it-al"», *LinkedIn*, 9 de diciembre de 2019, https://www.linkedin.com/pulse/satya-nadella-growth-mindsets-learn-it-all-does-better-jessi-hempel/

Adaptación de «Make learning a part of your daily routine», hbr.org, 4 de noviembre de 2021 (producto #H06OF5).

4

La curiosidad es igual de importante que la inteligencia

Tomas Chamorro-Premuzic

Parece existir un amplio consenso en torno a la idea de que vivimos en la *era de la complejidad*, lo que lleva implícito que el mundo nunca había sido tan complicado como ahora. Esto surge del vertiginoso ritmo de los cambios tecnológicos y la inmensa cantidad de información que estamos generando, y ambas cosas están relacionadas. Pensemos en filósofos como Leibniz (siglo XVII) o Diderot (siglo XVIII), que ya se quejaban de la saturación de información. La *horrible cantidad de libros* a la que se referían representaría solo una pequeña porción de lo que conocemos hoy en día, y lo que conocemos hoy será igual de insignificante para las futuras generaciones.[1]

En cualquier caso, que la complejidad dependa de la época es poco relevante para quien simplemente tiene que gestionar su complejidad cotidiana. Así pues, tal vez la pregunta que deberíamos hacernos no es tanto si nuestra época es más compleja que las anteriores, sino por qué algunas personas parecen manejar mejor esta complejidad. Aunque esta depende del contexto, también tiene que ver con la disposición de cada persona. Las tres cualidades psicológicas clave para potenciar la capacidad de gestionar la complejidad son el *CI*, el *CE* y el *CC*.

CI

Como la mayoría de la gente sabe, CI significa *cociente intelectual*, y se refiere a la capacidad mental. Lo que menos gente sabe (o le gusta aceptar) es que el CI influye en una amplia variedad de aspectos de la vida, como el rendimiento laboral o el éxito profesional objetivo.[2] El principal motivo es que un CI más alto permite aprender y resolver problemas nuevos con mayor rapidez. A simple vista, los test de inteligencia parecen bastante abstractos, matemáticos y desconectados de los problemas cotidianos. Sin embargo, son una poderosa herramienta para predecir nuestra capacidad de gestionar la complejidad. De hecho, el CI predice mucho mejor el rendimiento en tareas complejas que en tareas sencillas.[3]

Los entornos complejos son más ricos en información, lo que genera más carga cognitiva y exige mayor capacidad cerebral o pensamiento deliberado por nuestra parte; no podemos «navegar» por ellos en piloto automático (o usando el Sistema 1 de pensamiento de Kahneman).[4] El CI es una medida de esta capacidad cerebral, igual que los megabytes o la velocidad de procesamiento lo son de las operaciones que puede llevar a cabo un ordenador y a qué velocidad. No es de extrañar, pues, que exista una correlación significativa entre el CI y la *memoria de trabajo*, es decir, la capacidad mental para manejar varias informaciones temporales a la vez.[5] Te propongo lo siguiente: intenta memorizar un número de teléfono mientras preguntas a alguien por una dirección y recuerdas la lista de la compra; así te harás una idea de tu CI. (La investigación ha demostrado que el entrenamiento de la memoria de trabajo no mejora la capacidad a largo plazo para hacer frente a la complejidad, aunque ciertas evidencias sugieren que sí retrasa el deterioro cognitivo en las personas mayores, según la teoría que afirma que *lo que no se usa, se pierde*).[6]

CE

CE significa *cociente emocional*, y se refiere a la capacidad de percibir, controlar y expresar las emociones. El CE está relacionado con la gestión de la complejidad sobre todo en tres sentidos. En primer lugar, los individuos con un mayor CE son menos susceptibles al estrés y la ansiedad.[7] Puesto que las situaciones complejas son exigentes y requieren ingenio, es probable que provoquen presión y estrés; pero un CE alto actúa como amortiguador. En segundo lugar, el CE es un ingrediente básico en las habilidades interpersonales, lo que significa que las personas con un mayor CE están mejor preparadas para desenvolverse en las complejas políticas organizativas, lo que les permite progresar en su carrera profesional.[8] Incluso en el mundo hiperconectado actual, lo que busca la mayoría de empresarios no son conocimientos técnicos, sino habilidades interpersonales, en especial cuando se trata de puestos de dirección y liderazgo.[9] En tercer lugar, las personas con un mayor CE tienden a ser más emprendedoras, lo que significa que son más proactivas a la hora de aprovechar oportunidades, asumir riesgos y convertir ideas creativas en innovaciones reales.[10] Todo esto convierte al CE en una cualidad clave a la hora de adaptarse a entornos inciertos, impredecibles y complejos.

CC

CC significa *cociente de curiosidad*, y está relacionado con tener una mente «hambrienta».[11] Las personas con un CC alto son más curiosas y están más abiertas a nuevas experiencias; hallan excitante la novedad y se aburren con rapidez ante la rutina. Suelen generar muchas ideas originales y son inconformistas. El CC no se ha estudiado tan a fondo como el CE o el CI, pero hay indicios de que es igual de relevante a la hora de gestionar la complejidad, sobre todo en dos sentidos. En primer lugar, los individuos con mayor CC suelen tolerar mejor la ambigüedad.[12] Esta forma de pensamiento matizado, sofisticado y sutil define la esencia misma de la complejidad. En segundo lugar, el CC conduce a mayores niveles de inversión intelectual y de adquisición de conocimientos con el tiempo, en especial en los ámbitos formales de la educación, como la ciencia y el arte (a diferencia del CI, que mide la potencia intelectual en bruto).[13] El conocimiento y la pericia, igual que la experiencia, transforman las situaciones complejas en familiares. Así pues, el CC es la herramienta definitiva para dar soluciones sencillas a problemas complejos.

Aunque es difícil entrenar nuestro CI, sí podemos trabajar el CE y el CC. Como dijo Albert Einstein: «No tengo ningún talento especial. Solo soy apasionadamente curioso».

TOMAS CHAMORRO-PREMUZIC es director de Innovación de ManpowerGroup, profesor de Psicología Empresarial en el University College London y la Universidad de Columbia, cofundador de deepersignals.com y socio del Enterpreneurial Finance Lab de Harvard. Es autor de *¿Por qué tantos hombres incompetentes se convierten en líderes?* (Harvard Business Review Press, 2019), libro en el que basó su charla TEDx. Su último libro es *I, human: AI, automation, and the quest to reclaim what makes us unique* (Harvard Business Review Press, 2023). Le encontrarás en www.drtomas.com.

Notas

1. Daniel Rosenberg, «Introduction: Early modern information overload», *Journal of the History of Ideas 64*, n.º 1 (2003): 1-9.

2. Nathan R. Kuncel, Deniz S. Ones y Paul R. Sackett, «Individual differences as predictors of work, educational, and broad life outcomes», *Personality and Individual Differences 49*, n.º 4 (2010): 331-336; Thomas W. H. Ng y otros, «Predictors of objective and subjective career success: A meta-analysis», *Personnel Psychology 58*, n.º 2 (2005): 367-408.
3. Linda S. Gottfredson, «Why G matters: The complexity of everyday life», *Intelligence 24*, n.º 1 (1997): 79-132.
4. Nilli Lavie y otros, «Load theory of selective attention and cognitive control», *Journal of Experimental Psychology: General 133*, n.º 3 (2004): 339-354.
5. Roberto Colom y otros, «Working memory and intelligence are highly related constructs, but why?», *Intelligence 36* (2008): 584-606.
6. Monica Melby-Lervåg y Charles Hulme, «Is working memory training effective? A meta-analytic review», *Developmental Psychology 49*, n.º 2 (2013): 270-291; Martin Buschkuehl y otros, «Impact of working memory training on memory performance in old adults», *Psychology and Aging 23*, n.º 4 (2008): 743-753.
7. Moïra Mikolajczak, Clémentine Menil y Olivier Luminet, «Explaining the protective effect of trait emotional intelligence regarding occupational stress: Exploration of emotional labour processes», *Journal of Research in Personality 41*, n.º 5 (2007): 1107-1117.

8. Tomas Chamorro-Premuzic, *The talent delusion: Why data, not intuition, is the key to unlocking human potential* (Londres: Piatkus, 2017).
9. Tomas Chamorro-Premuzic, «5 ways to develop talent for an unpredictable future», hbr.org, 9 de octubre de 2023, https://hbr.org/2023/10/5-ways-to-develop-talent-for-an-unpredictable-future
10. Franziska Leutner y otros, «The relationship between the entrepreneurial personality and the big five personality traits», *Personality and Individual Differences 63* (2014): 58-63.
11. Sophie von Stumm, Benedikt Hell y Tomas Chamorro-Premuzic, «The hungry mind: Intellectual curiosity is the third pillar of academic performance», *Perspectives on Psychological Science 6*, n.º 6 (2011): 574-588.
12. Erica Briscoe y Jacob Feldman, «Conceptual complexity and the bias/variance tradeoff», *Cognition 118*, n.º 1 (2011): 2-16.
13. Sophie von Stumm y Phillip L. Ackerman, «Investment and intellect: A review and meta-analysis», *Psychological Bulletin 139*, n.º 4 (2013): 841-869.

Adaptado a partir de contenido publicado en hbr.org, 27 de agosto de 2014 (producto #H00YMR).

5

Hacer que el trabajo sea más significativo

John Coleman

La curiosidad es fundamental para el éxito profesional. Una mente curiosa detectará y resolverá problemas sin miedo a probar algo nuevo; buscará de forma activa las aportaciones de los demás y tenderá a abrir su pensamiento. Una persona curiosa nunca sucumbirá a la apatía, sino que se esforzará de forma constante por crecer, innovar y mejorar. Cualquiera que desee desarrollar una carrera de éxito debe abrazar la curiosidad.

La curiosidad no solo es esencial para progresar en el ámbito profesional, sino también para dar sentido y propósito al trabajo. Todo el mundo desea sentir que su trabajo es importante y todo el mundo cuenta con oportunidades para lograrlo. Pero, para dar con un propósito más profundo cada día, hace falta tener curiosidad (sobre ti mismo/a, tu labor profesional y las personas con las que trabajas).

En mi libro *HBR Guide to crafting your purpose*, expongo cuatro formas básicas gracias a las cuales cualquiera puede perseguir mejor su propósito profesional: diseñar un trabajo a tu medida, convertir el trabajo en un oficio, vincular el trabajo al servicio a los demás e invertir en relaciones positivas. Adoptar estas cuatro sencillas prácticas hará que cualquier trabajo tenga más sentido, pero cada cual debe abrazar la curiosidad para aprovecharlas al máximo.

Diseñar un trabajo a tu medida

Una de las mejores formas de lograr que el trabajo tenga más sentido es diseñarlo a tu medida, es decir, saber introducir pequeños cambios en tu vida laboral para convertir el trabajo que tienes en el trabajo que deseas. La idea es que, haciendo pequeños cambios, es posible adaptar tu puesto a las propias pasiones, personalidad e intereses, maximizando así el sentido que tiene para ti y para los demás. Mi ejemplo favorito es el de Curtis Jenkins, un conductor de autobús de Dallas que revolucionó su puesto de trabajo creando lo que los medios de comunicación denominaron una «utopía del autobús amarillo», al tiempo que cambiaba cientos de vidas.

Para poder diseñar un trabajo a tu medida, la curiosidad es una condición necesaria. Empieza con una autoevaluación; pregúntate cosas como «¿Qué se me da bien (de verdad)? ¿Qué me encanta hacer? ¿Qué me hace feliz de mi trabajo?». Una autocomprensión reflexiva, explorada en profundidad y con la mente abierta te proporcionará los cimientos sobre los que construir un trabajo a tu medida.

A continuación, aplica este autoconocimiento al trabajo:

- ¿Qué elementos de mi actividad laboral podría modificar para que tuvieran más sentido para mí y más influencia en los demás?

- ¿Puedo hacer lo que hago de forma diferente?
- Mi trabajo, tal como está estructurado, ¿resuelve los problemas clave (tanto para la empresa como para su clientela) de la mejor manera?

Para empezar, haz una lista de las principales personas para las que trabajas y de los resultados de tu labor que contribuyen a darles un buen servicio. A continuación, reflexiona sobre tus tareas actuales y analiza si hay formas de mejorar el servicio haciendo las cosas de otra manera. Tal vez así encuentres formas de hacer tu trabajo que sean mejores para los demás y más significativas para ti.

Convertir el trabajo en un oficio

La segunda forma de hacer que tu trabajo sea más significativo es convertirlo en un oficio. Durante gran parte de la historia, las profesiones se heredaban; actividades como la agricultura, la carpintería o la zapatería podían transmitirse de generación en generación, y las personas perfeccionaban de forma concienzuda su oficio a lo largo de toda su vida. Esta búsqueda de la perfección y la mejora constante ha dado lugar a los logros más memorables de la historia: desde los frescos de la Capilla Sixtina hasta los avances de la genética, pasando por la elegante sencillez del Mac original.

Este compromiso con el trabajo artesanal es en sí mismo un propósito. Como explico en mi libro, el trabajo bien hecho nos proporciona sentido. Hay una motivación y un propósito intrínsecos en saber que hemos puesto todo nuestro empeño en algo, y que perfeccionar nuestro oficio nos ha supuesto un reto.

Pero, ¿dónde es posible hallar las oportunidades de convertir nuestros trabajos actuales en «oficios»? Diseñar modelos financieros o dirigir a un equipo en una fábrica puede parecer un poco alejado de las obras maestras de Miguel Ángel o del genio de Steve Jobs. Pero la artesanía no tiene que ver con el impacto histórico; se trata más bien de superación personal y búsqueda de los propios límites en lo que hacemos, de asumir nuevos retos y lograr algo difícil y único. Cuando yo era analista en McKinsey, esto se traducía en la creación de elegantes modelos de Excel con fórmulas bien diseñadas que podían durar años a los clientes. Lo hacía tanto si los socios se daban cuenta como si no, porque me enorgullecía ponerme a prueba y mejorar. En tu trabajo será cualquier otra cosa; tu curiosidad te ayudará a averiguarlo.

Pregúntate:

- ¿Qué elementos fundamentales de mi trabajo requieren excelencia?
- ¿Qué habilidades necesito para hacer bien ese trabajo?
- ¿En qué áreas (una o dos) puedo centrarme ahora para convertir mi trabajo en un oficio, y cómo podría mejorar día a día hasta que haga esas cosas mejor que nadie y lo mejor posible?

Para empezar, elige un área de tu trabajo que quieras pulir y perfeccionar; que sea algo con lo que disfrutes y al mismo tiempo fundamental para tu labor. Ahora analiza entre cinco y diez formas de mejorarlo y, a continuación, empieza a poner en práctica esas mejoras y rétate. Toma notas a diario al respecto, o guarda las versiones previas de forma secuencial para que puedas ver tus mejoras con el paso del tiempo.

Vincular el trabajo al servicio a los demás

Pocas cosas en la vida mejoran más nuestra sensación de bienestar y propósito como servir a los demás. Numerosos estudios han demostrado que los actos de servicio tienen un impacto inmediato en la felicidad y la satisfacción.[1] En mi vida, casi nunca me he sentido tan útil como cuando construyo una casa de Habitat for Humanity con mis colegas, sirvo en un comedor social o leo a los niños en una escuela de mi barrio.

Pero el servicio no tiene por qué limitarse a hacer voluntariado en una comunidad. En cualquier trabajo existen al menos seis tipos de oportunidades para servir a los demás: la clientela, los colegas, el capital, la comunidad, los socios y los seres queridos. Saber esto y buscar oportunidades de servicio en cada una de tales áreas puede dar sentido a tu trabajo.

Pero identificar a las personas a las que sirves y las formas de hacerlo implica tener mucha curiosidad. Plantéate las siguientes preguntas:

- ¿Quiénes son mis clientes?
- ¿Qué necesitan?
- ¿Cuáles son los principales obstáculos para su bienestar que yo les ayudo a superar? ¿Cómo puedo hacerlo mejor?
- ¿Qué colegas necesitan más mi ayuda?
- ¿Cómo puedo ofrecer esa ayuda de forma eficaz sin esperar nada a cambio?

- ¿A qué dos o tres personas podría dar hoy un mejor servicio?

Estas preguntas, basadas en la curiosidad, son la esencia del servicio a los demás. Elige dos de las seis áreas que prefieras (colegas y clientes, por ejemplo). Ahora piensa en dos o tres personas de cada grupo a quienes puedas dar un mejor servicio. A continuación, dedica el mes próximo a entenderlas de verdad y descubrir cómo darles un buen servicio con tu trabajo.

Invertir en relaciones positivas

En la literatura de las ciencias sociales hemos visto que quizá no haya nada tan fundamental para la felicidad como las relaciones positivas y significativas. Son esenciales en el marco PERMA de Martin Seligman sobre la prosperidad, y también para la conclusión del Harvard Grant Study de que «la felicidad es amor».[2] Otros estudios se hacen eco de estas conclusiones.

Pero las relaciones no se limitan a la vida personal. Cada jornada laboral pasas más de ocho horas con tus colegas, sea a distancia o de manera presencial, de modo que tratar de desenvolverse en el trabajo sin mantener relaciones significativas es el camino más directo hacia la decepción. Las relaciones profesionales positivas pueden ayudarte a prosperar, a hacer felices a los demás y a generar una cultura empresarial extraordinaria.

En el trabajo, como en casa, las relaciones se basan en la empatía y la curiosidad.[3] No es posible mantener una relación de cuidado y respeto mutuo si no se demuestra una curiosidad genuina hacia la otra persona. Así que pregunta:

- ¿Cómo es la otra persona?
- ¿Qué le importa?
- ¿Cuáles son sus miedos y angustias, sus pasiones y su propósito en la vida?
- ¿Cómo se siente? (un día cualquiera)

- ¿Qué le interesa desde el punto de vista intelectual?

Acercarte a otros con curiosidad fomentará de forma natural tu empatía y demostrará que los demás te importan, forjando así relaciones significativas. Cuando interactúes con tus colegas durante los próximos uno o dos meses, juega de manera consciente a intentar conocerles mejor. Haz más preguntas de las que respondes. Y saca tiempo para conversaciones e interacciones que no solo tengan que ver con tu actividad laboral, sino que también mejoren tus relaciones (de forma profesional). Eso te hará más feliz, y también a quienes te rodean, y es probable que además mejore tu productividad.

La curiosidad es, sin duda, esencial para el éxito profesional y la base para hallar algún tipo de propósito en el trabajo. Vivir con más curiosidad en el contexto laboral contribuye a generar empleo y entornos profesionales en los que todo el mundo pueda desarrollarse de forma adecuada.

JOHN COLEMAN es autor de *HBR Guide to crafting your purpose* (Harvard Business Review Press, 2022). Puedes suscribirte gratis a su boletín *On purpose*, seguirlo en las redes como @johncoleman o ponerte en contacto con él a través de johnwilliamcoleman.com.

Notas

1. Gleb Tsipursky, «Is serving others the key to meaning and purpose?», *Psychology Today*, 14 de julio de 2016, https://www.psychologytoday.com/us/blog/intentional-insights/201607/is-serving-others-the-key-meaning-and-purpose
2. Melissa Madeson, «Seligman's PERMA+ model explained: A theory of wellbeing», *Positive Psychology*, 24 de febrero de 2017, https://positivepsychology.com/perma-model/; Scott Stossel, «What makes us happy, revisited: A new look at the famous Harvard study of what makes people thrive», *Atlantic*, mayo de 2013, https://www.theatlantic.com/magazine/archive/2013/05/thanks-mom/309287
3. Andrea Brandt, «The secret to a happy relationship is empathy», *Psychology Today*, 3 de marzo de 2020, https://www.psychologytoday.com/us/blog/mindful-anger/202003/the-secret-happy-relationship-is-empathy

Adaptación de «4 ways to make work more meaningful», hbr.org, 2 de octubre de 2023 (producto #H07TE7)..

6

¿Quieres relaciones más sólidas en el trabajo? Cambia tu forma de escuchar

Manbir Kaur

Roan entró en la oficina escuchando su lista de reproducción matutina favorita. Mientras se dirigía a su mesa, su jefe, Andy, le interceptó. Roan se quitó un auricular. «Hay un problema con el informe que presentaste ayer. Creo que hay que volver a revisarlo. ¿Podrías ponerte con ello cuanto antes?».

«¿Esto es, de verdad, lo primero que Andy tenía que decirme esta mañana?», pensó Roan.

Con medio cerebro escuchando la lista de reproducción y el otro medio tratando de escuchar a Andy, Roan sacudió la cabeza sin decir una palabra y siguió caminando.

«¿Estaba escuchando siquiera?», se preguntó Andy. Se sintió un poco ofendido.

Durante una conversación pasan muchas cosas en el cerebro. La malograda Judith Glaser, autora de *Conversational Intelligence*, señaló que en una conversación nuestro cerebro tarda solo 0,07 segundos en formarse una primera impresión de la intención de la otra persona (es decir, en decidir si vamos a confiar en ella o no). Después, esa impresión influye en nuestra respuesta. Y la conversación entre Andy y Roan solo puede calificarse de «pobre».

Simplificando la neuroquímica de la escucha

En su libro, Glaser cita a múltiples investigadores para explicar que, cuando sentimos amenaza en una conversación, la amígdala —que forma parte del sistema límbico del cerebro— activa el modo de protección. Esto libera algunas hormonas, como el cortisol. Cuando el cortisol gobierna el organismo es bastante probable que no seamos capaces de mostrar implicación ni conectar, y que nos volvamos individuos más reactivos, emocionales e impulsivos. También existe mayor probabilidad de que percibamos las situaciones de forma negativa.

En cambio, las conversaciones que estimulan la cooperación y la comprensión liberan un grupo de hormonas distinto, entre las cuales está la oxitocina, que refuerzan la sensación de vínculo. Cuando esto ocurre, dejamos de tener activo el modo de protección y empezamos a conectar con los demás y a forjar relaciones duraderas, basadas en la confianza mutua.

En consecuencia, eligiendo nuestra forma de escuchar tendremos el poder de influir en las reacciones neuroquímicas que ocurren en el cerebro.

Cómo escuchamos

El marco de la inteligencia conversacional que plantea Glaser indica que hay tres actitudes principales a la hora de escuchar. Cada una influye en cómo responderá nuestro interlocutor.

Escuchar para protegerse: estamos a la defensiva e intentamos proteger nuestra identidad y nuestro espacio. La persona que habla puede sentirse ignorada.

Escuchar para aceptar o rechazar: escuchamos con la intención de juzgar. La persona que habla puede sentirse etiquetada. Vemos muchos ejemplos de esta actitud en las reuniones de equipo.

Escuchar para cooperar: escuchamos para conectar con la otra persona. Esta actitud es segura desde el punto de vista psicológico; implica aproximarse con la intención de explorar y comprender:

- ¿Qué me intenta decir?
- ¿Qué está pensando la otra persona?
- ¿Qué espera que exploremos juntos?
- ¿Cómo puedo conectar con su mundo?

Cuando eliges escuchar con apertura, la neuroquímica de tu cuerpo y del de la otra persona acudirán en ayuda de ambas, contribuyendo a un mayor entendimiento.

De hecho, escuchar es divertido. Puede darnos nuevos puntos de vista, ¡algunos de ellos muy curiosos!

Cómo escuchar bien

Aprende a escuchar mejor poniendo en práctica estos cuatro consejos en tu próxima conversación:

Empieza con la intención adecuada. Cuando mantengas una conversación, ten desde el principio la intención adecuada para escuchar a la otra persona. Asegúrate de pensar que tu interlocutor tiene algo valioso que decir y que le has de dar la oportunidad de decirlo.

Si Roan se hubiera quitado los auriculares enseguida, Andy no se habría sentido ignorado.

En lugar de culpar a Roan por el error, Andy podría haberle dado un poco de contexto y preguntarle si había recibido alguna instrucción poco clara (lo cual sería una posible explicación de por qué el informe de Roan estaba incompleto).

Usa tanto la cabeza como el corazón. Intenta entender no solo el *qué*, sino también el *porqué*. Escuchar bien permite no solo comprender las razones de la otra persona, sino además conectar con las emociones que hay detrás de lo que dice.

Roan podría haber reconocido el error: «Me sabe mal no haber cumplido tus expectativas. Por favor, ayúdame a saber cómo preparar mejor el informe». Si hubiera expresado y reconocido con claridad sus sentimientos, esto habría sentado las bases para una conversación más sólida y habría ayudado a generar confianza entre ambos.

Andy podría haber sido más sensible, en lugar de tender una emboscada a Roan nada más llegar: «Me sabe mal pillarte ahora que acabas de llegar, pero esto es muy urgente. ¿Tienes un minuto?».

Ponte en el lugar del otro. Nadie comprende tu situación ni los retos a los que te enfrentas, ¿verdad? Bueno, pues puede que la otra persona piense lo mismo. Así que, aunque tus propias limitaciones te impidan ayudarla, escucha con empatía y compasión. Es lo mínimo que puedes hacer.

Roan podría haber comprendido la urgencia que había tras la petición de Andy y haberle tranquilizado diciendo que se pondría con ello lo antes posible: «Por supuesto, entiendo que el cliente necesita el informe con urgencia. Veré qué puedo hacer para mejorarlo lo antes posible».

Si Roan no redactó bien el informe, tal vez las instrucciones que había recibido no eran claras. Andy podría haber tratado de explicar con detalle lo que estaba mal: «Sé que te has esforzado mucho con el informe, pero no es lo que el cliente quiere. Quizá mis instrucciones no fueron claras. Hazme saber si puedo darte más información».

Demuestra que te interesa. Pon toda tu atención en la conversación. Haz preguntas abiertas para entender mejor las cosas.

Roan debería haber mostrado curiosidad por cómo mejorar el informe. Habrían servido preguntas como «Tal vez necesite ayuda, ¿podrías darme más información para redactar un informe más sólido? ¿Qué es lo que no le gustó al cliente?».

Pon en práctica estos consejos en tus próximas conversaciones y ve si eres capaz de forjar relaciones personales con conexiones más profundas. Cuanto más escuches de forma activa, más te escucharán.

MANBIR KAUR es coach ejecutiva (certificada por la International Coaching Federation) y especialista en inteligencia conversacional (C-IQ). Es autora de *Get your next promotion* y *¿Are you the leader you want to be?*, uno de los cinco libros nominados al premio C.K. Prahalad Best Business Book Award 2019.

Adaptado a partir de contenido publicado en hbr.org el 17 de julio de 2020.

7

Cómo evitar los problemas habituales de comunicación en el trabajo

Marsha Acker

¿Alguna vez, mientras estás en el trabajo, te da la sensación de que estás teniendo las mismas conversaciones una y otra vez? Es probable que experimentes un fallo de comunicación.

Aunque todo el mundo sabe que la comunicación clara es necesaria para colaborar con éxito con jefes y colegas de equipo, también es con frecuencia una de las habilidades que más cuesta dominar a las personas recién incorporadas al mercado laboral. ¿Por qué? Porque mucha gente tiende a suponer que los demás ven y viven las cosas de la misma manera que ella.[1]

El investigador y psicólogo sistémico David Kantor nos presenta un principio clave para ayudarnos a superar este sesgo en nuestra forma de pensar.[2] Él formuló una teoría conocida como *dinámica estructural*, que describe cómo funciona (y cómo no) la comunicación cara a cara, con el objetivo de ayudarnos a ver y comprender los patrones, comportamientos y dinámicas que influyen en nuestras conversaciones interpersonales y grupales. Según Kantor, en cada interacción hay una realidad visible y otra invisible; para mantener conversaciones más eficaces, basadas en el entendimiento mutuo, hemos de aprender a navegar por ambas.

La realidad visible es la conversación que tenemos en voz alta o las palabras textuales que se dicen. En esto piensa la mayoría de gente al oír la palabra *conversación*. La realidad invisible, por su parte, incluye todas las narrativas internas e ideas preconcebidas que moldean cómo procesa cada participante el significado y la intención que hay detrás de las palabras que se pronuncian.

Como imaginarás, en la realidad invisible es donde las cosas tienden a torcerse. Al suponer de manera instintiva que los demás ven y experimentan las cosas como tú lo haces, piensas que tu interpretación de las conversaciones que mantienes es la correcta. El problema surge cuando dejas de estar en la misma sintonía que tu jefe, equipo o colega, y acabas divagando en lugar de alcanzar el objetivo deseado.

Para ir más allá de las propias suposiciones y alinearnos con nuestros colegas, es imprescindible desarrollar la capacidad de hacer que nuestra forma de pensar y nuestras suposiciones sean más visibles para el interlocutor. También hay que buscar oportunidades para aprender más sobre la forma de pensar y las suposiciones del otro. Seguro que ya has oído hablar de esta habilidad: se llama «hacerse una composición de lugar» (*read to room*) y es un superpoder comunicativo.

Si aprendes a hacer que lo «invisible» sea más «visible» en tus conversaciones de trabajo, serás capaz de superar los molestos malentendidos superficiales y colaborar de forma más productiva con todo el mundo. Puede que incluso logres mantener cada conversación solo una vez.

A continuación, te proponemos tres ejercicios que te permitirán hacerte una mejor composición de lugar. Puedes empezar a ponerlos en práctica hoy mismo.

Paso 1. Fíjate en el *cómo* en lugar de en el *qué*

En cualquier conversación habrá siempre dos procesos paralelos: el primero es el *qué*; es el contenido o tema de conversación, de lo que se habla.

El segundo es el *cómo*; se trata de la manera en que habla una persona con la otra: cómo se muestra el interés mutuo, el tipo de lenguaje que se utiliza y las reglas (escritas y no escritas) sobre cuál de las dos voces tiene más poder en la interacción. Cada elemento viene determinado por las ideas preconcebidas de cada cual, sus preferencias y tendencias de conducta, y por cómo todo ello entra en contacto durante la conversación, con independencia del tema del que se esté hablando.

Cuando mantenemos conversaciones con otras personas, tenemos tendencia a centrarnos en el qué. Después de todo, abordar el tema en cuestión es probablemente la razón original del encuentro. Pero, para tener conversaciones más eficaces sobre cualquier tema, el primer paso es centrarse en el cómo, porque es la parte menos evidente o invisible de la conversación.

Cuando las cosas empiezan a ponerse difíciles en una conversación, es el momento de dar un paso atrás, respirar hondo y hacer algunas observaciones sencillas sobre cómo se está desarrollando el diálogo. Pregúntate: «¿Quién habla y quién no? ¿Quién hace preguntas? ¿Quién hace afirmaciones? ¿Qué estoy sintiendo? ¿Qué pienso, pero no digo?».

Al hacer estas observaciones estarás dando el primer paso para desvelar las dinámicas que hay en juego en la conversación, por el simple hecho de analizar cómo se está desarrollando en lugar de centrarte en qué tema hay sobre la mesa.

El siguiente paso es empezar a explorar qué realidades invisibles pueden estar en juego, para que los interlocutores puedan involucrarse en la conversación con mayor claridad y empatía.

Paso 2. Verbaliza tus observaciones

Una vez que te hayas detenido a analizar la dinámica de la conversación, puedes hacer una «pausa» y luego una observación neutral en voz alta. Es una forma de frenar la interacción y crear más espacio para que todo el mundo esté en sintonía.

En su libro *Reading the room*, David Kantor llama a esto *observación externa*; es una forma eficaz de empezar a sacar a la luz algunas de las realidades invisibles que afectan a la conversación. Cuando verbalizamos lo que observamos, invitamos a los demás participantes a compartir lo que les ocurre y a ofrecer una perspectiva que puede cambiar el rumbo de la interacción.

Es básico que la observación externa se haga desde la neutralidad y la generosidad, para evitar adoptar un tono acusatorio. Así pues, empieza diciendo algo que observes («Veo que») y luego comparte tu observación. Podrías decir, por ejemplo: «Veo que no estamos escuchando todas las voces presentes» o «Veo que el nivel de tensión de la conversación es muy alto». Ambos comentarios son neutros y reflejan lo que ves.

Tu observación externa debe ir seguida de una invitación. Puede ser una pregunta del tipo: «¿Cómo estás viviendo nuestra dinámica?» o «Me pregunto si alguien ve algo diferente». El objetivo es animar a los demás a expresar lo que les ocurre.

Lo más habitual es que una intervención de este tipo (una observación neutral seguida de una invitación al diálogo) no solo cambie la dinámica de la conversación, sino que anime a los participantes a compartir información esencial sobre cómo están viviendo el momento. Esta práctica puede ayudarte a ti y también a tu equipo a evitar los fallos de comunicación y las frustraciones que surgen cuando se da por sentado que todo el mundo está en sintonía.

Paso 3. Despierta tu curiosidad

Una vez que te hayas centrado en la dinámica de la conversación desde la apertura y no desde la suposición, estarás en mejores condiciones de comprender lo que está ocurriendo, tanto para ti como para los demás participantes. Puedes sacar a la luz las realidades invisibles de la otra persona de forma activa, mostrando curiosidad y concretando aún más tu invitación (después de tu observación externa).

Piensa en situaciones como las siguientes:

> Si alguien no está aportando su punto de vista, comparte con amabilidad esta observación y a continuación pregúntale a esa persona si considera que hay algo de lo que no se esté hablando. Tal vez exprese una opinión o quizá

ofrezca información adicional que hará avanzar la conversación en una nueva dirección.

Si parece que alguien se frustra, llama la atención sobre ese sentimiento e intenta preguntarle: «¿Qué te está pasando ahora mismo?». De este modo, invitas a esa persona a aportar información nueva y útil a la conversación, y puede que la dinámica pase de tensa a productiva.

Si alguien se opone una y otra vez a las ideas que otros proponen, menciona a esa persona y luego pregúntale: «¿Qué ideas has escuchado de otras personas que apoyes o con las que estés de acuerdo?». Muchas veces, la gente se limita a guardar silencio cuando está de acuerdo con una idea. Por tanto, hacer esta pregunta puede generar más espacio para que los interlocutores lleguen a puntos en común, permitiendo dedicar más espacio en la conversación a las ideas en las que existe acuerdo.

En cada uno de estos ejemplos, sentir curiosidad por tus observaciones abre la conversación a un espacio de aprendizaje. Al hacer preguntas, aprendes más sobre el punto de partida de la otra persona y creas oportunidades para que surja información adicional, dos elementos fundamentales para desbloquear las conversaciones difíciles.

Es fácil sentir que te malinterpretan en una conversación. Y también es fácil malinterpretar a los demás. Como afirma Stephen Covey, «nos autojuzgamos por nuestras intenciones, y a los demás por su comportamiento». Prestando atención a cómo se produce la comunicación puedes hacer más visible lo invisible. Esto conducirá a conversaciones más productivas y con menos culpas, confusión, frustración y antagonismo. Invita a la curiosidad (tanto hacia ti como hacia los demás) a entrar en la sala y te resultará mucho más fácil comunicarte con claridad y obtener los resultados que deseas.

MARSHA ACKER es autora de *Build your model for leading change: A guided workbook to catalyze clarity and confidence in leading yourself and others*. Es fundadora y CEO de Team-Catapult, una empresa de formación en liderazgo que prepara a líderes de todos los niveles para facilitar y encabezar cambios de conducta sostenibles.

Notas

1. Gwendolyn Seidman, «Why do we like people who are similar to us?», *Psychology Today*, 18 de diciembre de 2018, https://www.psychologytoday.com/us/blog/close-encounters/201812/why-do-we-people-who-are-similar-us
2. David Kantor, *Reading the room: Group dynamics for coaches and leaders* (Nueva York: Jossey-Bass, 2012).

Adaptado a partir de contenido publicado en hbr.org el 11 de agosto de 2023.

8

Cómo sentir empatía por alguien que te molesta

Rebecca Knight

Cuando trabajamos con alguien que nos resulta molesto, tenemos la tentación de evitar a esa persona todo lo posible. Pero esto no es siempre factible, y muchas veces no hace más que empeorar la situación. Es mejor cultivar un poco la empatía. Pero ¿cómo lograrlo con alguien que no nos cae bien? ¿Cómo es posible fomentar la curiosidad en lugar de la animadversión?

Qué dicen los expertos

«Todo el mundo conoce a alguien en el trabajo que le irrita», dice Annie McKee, autora de *How to be happy at work* e investigadora sénior en la Universidad de Pensilvania. «Puede ser por el estilo comunicativo de esa persona, o porque tal vez muestre conductas que para ti son de mala educación (por ejemplo, si siempre llega tarde a las reuniones)». Pero, en un momento en el que la vida laboral está cada vez más orientada al trabajo en equipo, y los proyectos suelen requerir un nivel alto de colaboración, «tenemos que hallar la manera de conectar con el otro y construir puentes», incluso con las personas más irritantes. Según Rich Fernandez, CEO del Search Inside Yourself Leadership Institute, cultivar la compasión por este tipo de colegas, por muy difíciles que sean, es un buen punto de partida. «Utilizando la empatía, podemos abordar de forma equilibrada y bien calibrada el trabajo con personas difíciles», afirma.

Reflexiona

Para empezar, ten en cuenta que esa persona no te saca de quicio a propósito. Es más probable que «esté reaccionando a cosas que pasan en su vida», dice Fernandez. «Hay que despersonalizar la situación», añade. Y mirar hacia adentro, como recomienda McKee: «Cuando alguien te está sacando de tus casillas, es útil preguntarse qué te hace reaccionar así». Tu frustración «puede que ni siquiera tenga que ver con esa persona, es posible que tenga que ver contigo», dice. Quizá «te recuerda a alguien que no te cae bien». Añade que tener «autoconciencia» y una profunda «comprensión de la propia psicología» refuerza la capacidad para sentir empatía. Al fin y al cabo, el objetivo primordial es cultivar la compasión, tanto hacia ti como hacia los demás.

Mantén la calma

A continuación, «apóyate en tu autocontrol emocional y tu fuerza de voluntad», dice McKee. Cuando tu colega llegue tarde, te interrumpa o simplemente te parezca detestable, es posible que notes una reacción fisiológica. «Identifica las señales de que te estás alterando. Tal vez se te acelere la respiración, te empiecen a sudar las manos o te suba la temperatura». Si cedes ante estos síntomas, te arriesgas a sufrir un *secuestro de la amígdala* y perder así acceso a la parte racional y reflexiva del cerebro. En lugar de eso, respira hondo unas cuantas veces para «ayudarte a regular las hormonas del estrés y reducir las probabilidades de adoptar un comportamiento del que luego no te puedas enorgullecer», dice. Mantener un «comportamiento tranquilo y abierto» te sitúa en una mejor posición mental para desarrollar empatía por tu colega, añade Fernandez. «No te estás rindiendo ni encerrándote en ti», sino que mantienes la serenidad y la tranquilidad, y «eres consciente de lo que ocurre».

Ten curiosidad

Hay dos tipos de empatía: la *empatía cognitiva* (capacidad de comprender el punto de vista de otra persona) y la *empatía emocional* (capacidad de sentir lo que siente la otra persona). «Ambas tienden a desaparecer cuando surge la molestia o la frustración», dice McKee. Pero hay que luchar contra eso.

- Para despertar la empatía cognitiva hacia un colega que te moleste, McKee recomienda elaborar teorías que expliquen «por qué esta persona dice lo que dice, piensa lo que piensa y actúa como actúa. Desentierra tu curiosidad», dice. Pregúntate: «¿Qué motiva a esta persona? ¿Qué la emociona e inspira?». Ve «más allá de tu propia visión del mundo» y reflexiona sobre «qué puede haber en su bagaje cultural, su educación, su situación familiar o las presiones cotidianas que sufre que le haga comportarse así». Recuerda: el objetivo aquí es «entender el punto de vista de esta persona», añade Fernandez. «No significa que tengas que adoptarlo, validarlo ni estar de acuerdo con él, pero sí reconocerlo».

- Para sentir empatía emocional hacia ese colega, «encuéntrale algo de tu interés», dice McKee. Una buena forma de tratar con alguien que te irrita es «imaginarte a esa persona como un niño de seis años», sugiere. Recuerda que «solo es un ser humano». Las hipótesis que has formulado para explicar el comportamiento de tu colega también podrían ser útiles en este caso, según Fernandez: «Tal vez sienta mucho estrés o se encuentre bajo presión, o simplemente no tiene un buen día». No hay que «ser experto en psicología y analizar su infancia», pero sí hacer un esfuerzo por experimentar cierta «resonancia emocional». El resultado suele ser: «Lo entiendo».

Céntrate en las similitudes

Utilizando tanto la empatía cognitiva como la emocional, también debes intentar «conocer a la persona» y adquirir una «comprensión más profunda de su punto de vista», afirma McKee. En lugar de «centrarte en las diferencias, busca las similitudes» que compartís. «Empieza poco a poco», aconseja. Tal vez esa persona tenga hijos de la misma edad que los tuyos; puede que viva en un barrio o municipio donde has estado alguna vez. Utiliza estos puntos en común para entablar una conversación. Si todo lo demás falla, «retoma un intercambio que uno y otro hayan encontrado interesante en la última reunión de equipo». El trabajo suele proporcionar un «territorio común» neutral para la conversación, dice Fernandez. Es de suponer que compartes al menos un objetivo con la otra persona: «Que la empresa tenga éxito».

Sé amable

El hecho es que «nos resulta más fácil sentir empatía hacia las personas que nos caen bien, porque les concedemos el beneficio de la duda», afirma McKee. Cuando tratamos con alguien que nos cae mal, solemos suponer lo peor, y esa mentalidad se refleja en nuestro comportamiento. Intenta cortocircuitar esta reacción y «haz o di algo agradable fuera de lo habitual». Por ejemplo, felicita a esa persona por una idea que haya planteado en una reunión u ofrécele tu ayuda en un proyecto. Pero no debe ser algo forzado. «Tiene que ser auténtico». Digamos, por ejemplo, que tu colega llega tarde, una vez más, a la reunión semanal del equipo. No te quejes ni pongas los ojos en blanco. No muestres una actitud pasivo-agresiva ni sueltes de forma irónica: «Qué bien que hayas venido». Puede que ese sea tu instinto, pero lucha contra él. En su lugar, McKee recomienda algo del tipo: «¡Buenos días! Tómate un café antes de sentarte y te pondremos al día». Esta generosidad de espíritu es buena para ti y para tu colega. Y recuerda, dice Fernandez, que la empatía siempre es una opción, en cualquier situación.

Mantén una conversación (difícil)

Si trabajar con este colega en concreto te sigue suponiendo un reto, tal vez debas «tener una conversación sobre esa manera de trabajar en equipo», admite Fernandez. Y añade: «Si la abordas desde la óptica de la empatía, la conversación no se volverá tensa». Es más, si eres «ecuánime y actúas con justicia, es probable que tu mensaje sea muy bien recibido». Por ejemplo, no digas: «Acaparas demasiado la palabra en las reuniones». En lugar de eso, Fernandez sugiere que intentes decir: «Me encantaría dar con una forma de que tú y yo pudiéramos exponer nuestras ideas durante la reunión semanal del equipo». No pierdas de vista el hecho de que tu colega es probable que sienta lo mismo respecto a ti. Después de todo, dice McKee, «si alguien te saca de quicio, lo más probable es que tú también le provoques la misma reacción».

REBECCA KNIGHT es corresponsal sénior en *Insider*, donde cubre temas relacionados con el desarrollo profesional y el mundo laboral. Antes fue periodista independiente y profesora en la Universidad Wesleyan. Su trabajo se ha publicado en el *New York Times*, *USA Today* y *Financial Times*.

Adaptado a partir de contenido publicado en hbr.org, 23 de abril de 2018 (producto #H04AM8).

9

Forja relaciones más sólidas y duraderas

Utkarsh Amitabh

¿Has oído hablar de Paul Erdős?[1] Erdős (pronunciado «er-dish») era un estrafalario matemático judío que, con solo cuatro años, podía calcular mentalmente, y con bastante rapidez, el número de segundos que había vivido una persona. La revista *Time* lo llamó «el bicho raro de los bichos raros».[2] Era conocido por presentarse a todas horas en la puerta de las casas diciendo: «Mi mente está abierta».[3] Lo que quería decir era: «Estoy dispuesto a aceptar nuevos retos matemáticos».

A lo largo de su vida, Erdős colaboró con más de quinientos matemáticos. También jugaba a ser *casamentero matemático*, presentando entre ellos a sus homólogos de todo el mundo para hacer avanzar la investigación matemática.[4] Estas colaboraciones impulsaron la revolución informática y allanaron el camino a los modernos motores de búsqueda.

Al parecer, el propio Erdős no era precisamente un huésped fácil;[5] no sabía hacerse la cama ni hervir agua para el té. Tenía muy poca ropa, así que sus anfitriones acababan haciéndole la colada. Además, no le importaba despertarles en mitad de la noche si hacía algún avance en un problema que intentaban resolver. Teniendo en cuenta todo esto, puede resultar desconcertante que Paul Erdős fuera tal vez el matemático más querido, más bien relacionado y con más talento de su época.[6]

Te estarás preguntado: ¿cómo es posible?

Conocí el trabajo y la filosofía de Erdős mientras elaboraba la declaración de objetivos de mi empresa, Network Capital, una plataforma de orientación profesional y mentoría. Quería hallar una forma de facilitar conexiones significativas a gran escala. Tenía dificultades a la hora de responder preguntas como las siguientes: ¿por qué debería existir mi empresa? ¿Cómo puede ir más allá de una mera plataforma de contactos? Cuanto más leía sobre Erdős, más me intrigaba. Saqué mis respuestas de su filosofía, centrada en hallar soluciones innovadoras, hacer que los demás tengan éxito y no preocuparse por quién se lleva el mérito.

La propia naturaleza de sus colaboraciones me enseñó que el trabajo en red puede aportar valor a los demás. A través de su enfoque, he aprendido a establecer conexiones más sólidas y duraderas, y animo a los miembros de mi comunidad a hacer lo mismo a la hora de construir sus redes profesionales. A continuación, te presento tres estrategias para forjar relaciones inspiradas en Erdős. Tenlas en cuenta a la hora de ampliar tu red y hacer nuevas conexiones en el trabajo.

Deja espacio a la serendipia

Erdős creía en dar una oportunidad a la serendipia para descubrir nuevas áreas de colaboración. Entablaba conversaciones con el corazón y la mente abiertos. En lugar de precipitarse a buscar una solución o de querer impresionar a los demás con sus conocimientos, empezaba haciendo preguntas abiertas y meditadas. Se implicaba de verdad con el problema que tenía entre manos y animaba a otras personas a abrir la mente respecto a los problemas concretos a los que se enfrentaban. El resultado fue que no solo ayudó a sus colaboradores a resolver multitud de dilemas, sino que también les hizo capaces de descubrir nuevas ideas en las que trabajar.

Inspirado por Erdős, dedico dos horas diarias a charlar con los miembros de la comunidad de Network Capital sobre sus aspiraciones profesionales. El objetivo de estas sesiones de coaching individuales de veinte minutos es simplemente entender qué pasa por la cabeza de la gente, en qué están trabajando que les ilusione o a qué problemas se enfrentan. Los primeros cinco minutos los dedico a un diálogo abierto. Suelo empezar con la pregunta: «¿En qué estás pensando?». Puede parecer sencilla, pero es habitual que la gente hable de lo que le motiva en este momento, lo que le bloquea, o reconoce sobre qué necesita mi opinión. Esto ayuda a marcar el tono de los quince minutos siguientes, en los que intento dar con las mejores soluciones para ayudarles. Organizar las conversaciones de este modo me permite hallar un equilibrio saludable entre estructura y serendipia (¡ideal para obtener ideas nuevas!) y me ha ayudado a fortalecer mis propias relaciones.

Consejo profesional: cuando conozcas a alguien o mantengas una primera conversación con un cliente, empieza con una frase para romper el hielo, pero reformúlala. En lugar de preguntar *¿Qué tal el trabajo?*, pregunta *¿Qué te ilusiona últimamente?* Esta reformulación puede tener un enorme impacto en la profundidad y amplitud de tus conversaciones. Aunque es cierto que las relaciones tardan en forjarse, es poco probable que lleguen a ser significativas si centras todas tus conversaciones en la utilidad.

Deja claros tus objetivos

Erdős no era un hombre de segundas intenciones y no le molestaban los conflictos saludables. Si necesitaba algo, lo dejaba claro. Si quería ofrecer una opinión crítica, lo hacía sin rodeos. Cuando discrepaba o debatía con alguien, la otra persona no dudaba de sus propósitos. Sus desacuerdos surgían de la curiosidad, no del juicio. Y tenía un comportamiento coherente, con independencia de con quién estuviera. Esto generaba un entorno de gran confianza que fomentaba una profunda colaboración.

La coherencia genera confianza, y las relaciones prosperan gracias a aquella. Piénsalo: ¿confiarías en alguien que parece tener algún motivo oculto para colaborar? En el caso de Erdős, al mostrarse siempre dispuesto a ayudar a sus colaboradores, demostraba su compromiso con el éxito *de los demás*.

Consejo profesional: cuando pidas ayuda a alguien, no disfraces tu petición ni (lo que sería peor) la camufles.

Actúa con educación y dale a la otra persona la opción de decir que no, pero exprésate de forma directa. Por ejemplo, mientras escribía mi libro solicité el testimonio de varios mentores. Fui directo en mi petición y me resultó útil comunicar mi objetivo principal de entrada: «Me encantaría que escribieras un testimonio para mi libro. Viniendo de ti, la recomendación sería muy valiosa y tendría un gran impacto en mis lectores. Si no puedes, lo entiendo muy bien. No pasa nada». La mayoría de las personas con las que me puse en contacto aceptaron.

Céntrate en añadir valor

El superpoder de Erdős era engrandecer a los demás. En lugar de pensar en lo que podía obtener de otras personas, él colaboraba con la intención de añadir valor a la vida ajena, en concreto haciendo que sus investigaciones fueran más robustas, animándoles a considerar todos los escenarios posibles, presentándoles a otros científicos y trabajando en equipo para afinar sus investigaciones.

Esta actitud queda documentada a la perfección con el llamado *número de Erdős*: la distancia de colaboración entre Erdős y otra persona.[7] A lo largo de su vida, tuvo 509 colaboradores directos, personas con un número de Erdős igual a 1. Las personas que colaboraron con sus colaboradores directos tenían un número de Erdős igual a 2 (Albert Einstein fue uno de ellos).

Se podría argumentar de forma razonable que la informática habría progresado a un ritmo más lento si Erdős no hubiera creado una red social de matemáticos comprometidos que avanzaban sobre la base del trabajo de los demás. Erdős jugó un papel decisivo en el desarrollo de una rama de la combinatoria conocida como «teoría de Ramsey», que otros matemáticos y científicos han desarrollado con posterioridad. Hoy en día se aplica en el campo de la informática cuántica.

Lo interesante del principio de añadir valor y empoderar a los demás es que puede adoptarlo cualquiera. Y es que aportar valor no depende de la veteranía ni del lugar que cada cual ocupe en una organización; tanto si te diriges a tu CEO como a un becario del equipo, ambos son individuos con objetivos y dilemas. Piensa en cómo puedes ayudarles a afrontar sus retos.

Consejo profesional: si te acercas a la gente con una mentalidad generosa y compasiva, es probable que tus superiores, colegas y sucesores te aprecien, igual que a Erdős. ¿Tienes información que puede ayudar a alguien a preparar mejor una presentación? ¿Puedes ponerle en contacto con la persona adecuada para un trabajo? ¿Le darías tu opinión sobre una nueva idea? Hasta el gesto más insignificante cuenta, porque la gente percibe que no estás ahí solo para recibir, sino también para dar.

Nunca conocí a Erdős, pero aprender sobre su forma de trabajar ha moldeado mi modo de ver el trabajo y la vida. Mi misión es empoderar a otras personas para que generen el mayor impacto posible a través de su carrera. Cada día, al finalizar mi jornada laboral, me pregunto cómo puedo ser un poco más como Erdős mañana. Y, hasta ahora, me ha servido de mucho.

UTKARSH AMITABH es fundador y CEO de Network Capital, una de las mayores plataformas de mentoría del mundo, que empodera a más de 7,5 millones de estudiantes y 200.000 jóvenes profesionales para que puedan desarrollar una carrera significativa. Ingeniero de formación, Utkarsh trabajó en Microsoft, estudió Filosofía en la Universidad de Oxford y obtuvo su MBA en INSEAD, donde recibió además el reconocimiento Andy Burgess Scholar for Social Entrepreneurship.

Notas

1. László Babai y Joel Spencer, «Paul Erdős (1913-1996)», *Notices of the American Mathematical Society 45*, n.º 1 (1998): 64-73; László Babai, Carl Pomerance y Péter Vértesi, «The mathematics of Paul Erdős», *Notices of the American Mathematical Society 45*, n.º 1 (1998): 19-31.
2. Michael D. Lemonick, «Paul Erdős: The oddball's oddball» *Time*, 29 de marzo de 1999, https://content.time.com/time/subscriber/article/0,33009,990598,00.html
3. Bruce Schechter, *My brain is open: The mathematical journeys of Paul Erdős* (Nueva York: Simon & Schuster, 2000).

4. Deborah Heiligman, *The boy who loved math: The improbable life of Paul Erdős* (Nueva York: Roaring Brook Press, 2013).
5. Brian Rotman, «The man who loved only numbers: The story of Paul Erdős and the search for mathematical truth», *London Review of Books*, 17 de septiembre de 1998, https://brianrotman.wordpress.com/reviews-2/the-man-who-loved-only-numbers-the-story-of-paul-erdos-and-the-search-for-mathematical-truth/
6. Adam Kucharski, «The man who turned coffee into theorems», *The Conversation*, 22 de julio de 2013, https://theconversation.com/the-man-who-turned-coffee-into-theorems-16008
7. The Erdös Number Project, https://sites.google.com/oakland.edu/grossman/home/the-erdoes-number-project

Adaptación de «4 lessons in collaboration and networking from Paul Erdos», hbr.org, 18 de octubre de 2022.

10

Por qué hay que cultivar la sensación de asombro (sobre todo ahora)

David P. Fessell y Karen Reivich

Ahora, más que nunca, necesitamos formas de recargarnos de energía, calmar nuestra ansiedad y promover nuestro bienestar. En el contexto laboral rara vez se habla de una intervención potencialmente potente: cultivar la experiencia del asombro.[1] Al igual que la gratitud y la curiosidad, el asombro puede inspirarnos y llenarnos de energía. Se trata de una herramienta más y que cada vez atrae más atención gracias a investigaciones más rigurosas.

Como médico y psicólogo, he impartido cientos de talleres sobre resiliencia y bienestar, tanto antes como durante la pandemia de COVID, para militares, personal sanitario y docente, fuerzas de seguridad y profesionales del mundo empresarial. Ayudar a estas personas, las que participan en mis cursos, a explorar, experimentar y recordar momentos de asombro es una de las estrategias clave con base científica que utilizamos en nuestros talleres. Ha sido gratificante ver como nuestros participantes se beneficiaban y trasladaban lo aprendido a sus respectivas organizaciones.

El asombro y sus beneficios

En su libro *Cháchara*, el psicólogo de la Universidad de Michigan Ethan Kross define el asombro como «la admiración que sentimos cuando nos topamos con algo potente que no podemos explicar con facilidad». Muchas veces, las cosas que nos producen asombro poseen algo de inmensidad y complejidad.[2] Podemos pensar en un cielo nocturno estrellado, un acto de gran bondad o la belleza de algo a la vez pequeño y complejo. Durante una jornada laboral cualquiera, el color de las hojas de los árboles que vemos por la ventana de la oficina o el sacrificio o esfuerzo de un colega pueden provocar un sentimiento similar, sobre todo si prestamos atención a los detalles. En Estados Unidos y China, en especial, las experiencias de asombro suelen estar asociadas a conductas virtuosas de otras personas: actos de compromiso, habilidad o valentía.[3]

Cultivar el asombro es fundamental y útil, sobre todo en un momento como el actual, en el que estamos renovando nuestra energía y haciendo planes para un futuro más esperanzador. Esto se debe a que, más allá de los síntomas físicos como el hormigueo, la piel de gallina y la disminución del ritmo cardíaco en situaciones de estrés, el asombro también nos afecta desde el punto de vista emocional.[4] Los participantes en un grupo experimental a quienes se pidió que se dibujaran a sí mismos se retrataron más pequeños después de vivir una experiencia de asombro.[5] Este efecto se ha denominado *autodesinterés*,[6] y es un cambio que aporta grandes beneficios: a medida que se accede a algo superior y el sentido del yo se reduce, también lo hacen las preocupaciones y la cháchara mental. Al mismo tiempo, aumenta el deseo de conectar con los demás y ayudarles.[7] Las personas que experimentan asombro también manifiestan mayores niveles de satisfacción vital y bienestar general.[8]

Veamos más en detalle los efectos sobre el estrés y la resiliencia. Las experiencias de asombro se asocian a niveles más bajos de estrés declarado. Las investigaciones experimentales sugieren que esto tal vez se deba a una relación causal: el asombro puede ayudar de forma activa a reducir el estrés.[9] Las investigaciones efectuadas con resonancia magnética funcional (IRMf) también han demostrado que las experiencias de asombro —como ver vídeos que lo provocan (en comparación con vídeos neutros o agradables)— reducen la actividad de la red neuronal por defecto del cerebro (RND), asociada a la concentración en uno mismo y la meditación.[10] El resultado es una disminución de la cháchara mental.[11]

Pero los beneficios del asombro van más allá del alivio del estrés. La investigación ha demostrado que tener una experiencia que nos trasciende ayuda a superar el propio marco de referencia, ampliando nuestros modelos mentales y estimulando nuevas formas de pensamiento.[12] Esto puede, a su vez, incrementar la creatividad y la innovación, y facilitar el pensamiento científico y la toma de decisiones éticas.[13]

También nos ayuda a forjar relaciones.[14] Aunque el sentimiento de asombro suele producirse en soledad, nos saca del yo, nos acerca a los demás e inspira conductas prosociales, como la generosidad y la compasión.[15] Algunos científicos han formulado la hipótesis de que ha evolucionado para contribuir a la cohesión de grupo y proporcionar ventajas de supervivencia.[16] En los equipos de trabajo, las experiencias de asombro pueden aumentar la colaboración, la cohesión y la conexión social.[17]

Hay muchas formas de cultivar experiencias de asombro durante la jornada laboral.

Para cada individuo

Si puedes salir de tu puesto de trabajo, una forma sencilla y a la vez potente de experimentar el asombro es dar un *paseo para asombrarte.*[18] Dedica veinte minutos al día a pasear y potenciar tu curiosidad, y observa la belleza cotidiana que te rodea, incluso en un lugar que conozcas bien, como tu jardín o tu barrio. En nuestros talleres, cuando damos esta instrucción la gente se fija en los demás, así como en lugares y cosas que normalmente pasarían por alto (como una abeja que revolotea de flor en flor, por ejemplo). Después, nuestros participantes dicen sentir más inspiración, más tranquilidad y mayor capacidad de concentración.

Mejor aún es dar un paseo en busca del asombro por un entorno natural. Numerosas investigaciones han demostrado que los paseos por la naturaleza, en comparación con los entornos urbanos, tienen un mayor efecto positivo en el estado de ánimo y bienestar.[19] Estar en la naturaleza es, en sí, una experiencia inmersiva de crecimiento y resiliencia, ya que puede ser una potente fuente de asombro y admiración. Los ritmos de la naturaleza también nos recuerdan que formamos parte del mundo natural y que perduramos. El CEO de una empresa tecnológica de Michigan con el que uno de nosotros (David) ha colaborado suele dar con frecuencia paseos en bicicleta por un paisaje rodeado de árboles y agua. Al hacerlo, se siente parte de algo más grande, y esto incrementa su energía y resiliencia.

Si no puedes salir de tu puesto de trabajo, aprovecha las maravillas que tienes al alcance de la mano en internet. Varios estudios han demostrado que hay vídeos que estimulan el asombro.[20] Quizá te inspiren documentales premiados, como *Free solo*, *Planeta Tierra* o la ganadora del Oscar *Lo que el pulpo me enseñó*. Deja que el poema «The hill we climb», de Amanda Gorman, te ponga la piel de gallina. La armonía y la complejidad de la música también pueden elevarnos e inspirar el asombro.[21] Crea tu propia «lista de reproducción asombrosa» de vídeos o música y, cuando sientas que te bloqueas, dedica unos minutos a dejarte llevar por lo que ves y oyes. También puedes provocar momentos de asombro con una simple pregunta: «¿Qué hay de bello aquí?».

Otra opción es entrar en páginas de actualidad que difundan buenas noticias, como actos de bondad, generosidad y perseverancia.[22] Haz en tu ordenador un archivo de historias de bondad, benevolencia y decencia de la raza humana, y acude a él cuando sientas que las circunstancias te abruman o te agotan, y quieras sentirte mejor. Algo tan sencillo como la historia de alguien que ha hecho algo importante y generoso puede inspirar a muchas otras personas en todo el mundo.[23]

Para gerentes y equipos

Si tienes gente a tu cargo, puedes aprovechar el poder del asombro para ayudar a tu equipo, aportándoles energía y resiliencia, y generar empatía y apoyo emocional. Anima a los miembros de tu equipo a compartir sus listas de reproducción asombrosas y crea oportunidades para compartir experiencias de asombro, por ejemplo, empezando las reuniones preguntando a cada cual: «¿Qué te ha dejado sin aliento esta semana?» o «¿Qué te ha hecho alegrarte de estar en este planeta?». Contribuye también con tus propias historias y comparte con los demás el impacto que han tenido en ti. En un trabajo que una de nosotras (Karen) llevó a cabo con el Oklahoma City Thunder, los responsables pidieron a los miembros del equipo que trajeran fotos personales que suscitaran asombro y gratitud. En una reunión de equipo se proyectaron las fotos y, a continuación, cada persona habló sobre su foto y su experiencia. Por su parte, el sistema sanitario en el que trabaja David ofrece, cada mediodía, seminarios web voluntarios sobre resiliencia a través del asombro. En ellos, personas de distintos departamentos (que no se conocen) se reúnen en salas de Zoom y comparten historias de asombro en pequeños grupos. Después de cada reunión se respira una energía positiva evidente y estimulante.

No obstante, hay que tener cuidado con los posibles errores a la hora de crear experiencias de asombro para equipos. En primer lugar, lo que provoca el asombro en una persona puede generar sentimientos de amenaza o peligro en otra, por ejemplo, si se obliga a alguien con miedo a las alturas a contemplar una vista que le dé vértigo;[24] debes conocer a tu equipo lo suficiente como para saber dónde poner el límite. En segundo lugar, cuando animes a tus equipos a experimentar el asombro, ten en cuenta que se trata de algo que suma, no que resta: añadir experiencias de asombro no elimina el dolor ni la ansiedad, ni disminuye la necesidad de los equipos de hablar de manera abierta acerca de los retos a los que se enfrentan o del apoyo que necesitan de sus líderes.[25] Es normal y saludable experimentar toda una gama de emociones, sobre todo en tiempos difíciles. Y es imprescindible que los líderes muestren toda la compasión y comprensión que sean capaces de ofrecer. Por último, no hay que confundir intimidación con asombro: no estamos hablando de desarrollar un culto de poder en torno a un líder; este es un enfoque muy diferente que puede hacer más mal que bien.

Pasamos gran parte de nuestro tiempo en el trabajo, intentando reivindicarnos y hacer oír nuestra voz. Por tanto, puede parecer contraintuitivo dedicarse a algo que puede provocar sentimientos de «pequeñez». Pero hacerlo a través de una experiencia positiva de asombro es capaz, en última instancia, de aportarnos esa sensación de arraigo que buscamos, junto con multitud de otros beneficios (energía, inspiración y resiliencia) para cada persona y para todo el equipo.

DAVID P. FESSELL es coach ejecutivo, profesor asociado de la Ross School of Business de la Universidad de Michigan y profesor de Radiología jubilado de la Universidad de Michigan. Escribe y da charlas sobre psicología positiva e inteligencia emocional, y es graduado del Second City Improv Conservatory. KAREN REIVICH es directora de cursos sobre resiliencia y psicología positiva en el Positive Psychology Center de la Universidad de Pensilvania. Es coautora de los libros *The resilience factor* y *Niños optimistas*.

Notas

1. László Gretchen Reynolds, «An «awe walk" might do wonders for your well-being», *New York Times*, 1 de octubre de 2020, https://www.nytimes.com/2020/09/30/well/move/an-awe-walk-might-do-wonders-for-your-well-being.html

2. Yang Bai y otros, «Awe, daily stress, and elevated life satisfaction», *Journal of Personality and Social Psychology 120*, n.º 4 (2021), 837-860.
3. Yang Bai y otros, «The diminished self, and collective engagement: Universals and cultural variations in the small self», *Journal of Personality and Social Psychology 113*, n.º 2 (2017): 185-209.
4. Laura A. Maruskin, Todd M. Thrash y Andrew J. Elliot, «The chills as a psychological construct: Content universe, factor structure, affective composition, elicitors, trait antecedents, and consequences», *Journal of Personality and Social Psychology 103*, n.º 1 (2012): 135-157; Bai y otros, «Awe, daily stress, and elevated life satisfaction».
5. Bai y otros, «The diminished self, and collective engagement».
6. Michiel van Elk y otros, «The neural correlates of the awe experience: Reduced default mode network activity during feelings of awe», *Human Brain Mapping 40*, n.º 12 (2019): 3561-3574.
7. Bai y otros, «The diminished self, and collective engagement»; Paul K. Piff y otros, «Awe, the small self, and prosocial behavior», *Journal of Personality and Social Psychology 108*, n.º 6 (2015): 883-899.
8. Melanie Rudd, Kathleen D. Vohs y Jennifer Aaker, «Awe expands people's perception of time, alters decision making, and enhances well-being», *Psychological Science 23*, n.º 10 (2012): 1130-1136.
9. Bai y otros, «Awe, daily stress, and elevated life satisfaction».

10. Van Elk y otros, «The neural correlates of the awe experience».
11. Ethan Kross, *Cháchara: por qué es tan importante la voz en tu cabeza y cómo sacarle partido* (Paidós, 2021).
12. Dacher Keltner y Jonathan Haidt, «Approaching awe, a moral, spiritual, and aesthetic emotion», *Cognition and Emotion 17*, n.º 2 (2003): 297-314; Michelle N. Shiota y otros, «Beyond happiness: Building a science of discrete positive emotions», *American Psychologist 72*, n.º 7 (2017): 617-643; Barbara L. Fredrickson, «Chapter one—Positive emotions broaden and build», *Advances in Experimental Social Psychology 47* (2013): 1-53; Sara Gottlieb, Dacher Keltner y Tania Lombrozo, «Awe as a scientific emotion», *Cognitive Science 42*, n.º 6 (2018): 2081-2094.
13. Gottlieb, Keltner y Lombrozo, «Awe as a scientific emotion»; Piff y otros, «Awe, the small self, and prosocial behavior».
14. Fredrickson, «Chapter one—Positive emotions broaden and build».
15. Shiota y otros, «Beyond happiness»; Piff y otros, «Awe, the small self, and prosocial behavior».
16. Kross, *Cháchara*.
17. Piff y otros, «Awe, the small self, and prosocial behavior».
18. Virginia E. Sturm y otros, «Big smile, small self: Awe walks promote prosocial positive emotions in older adults», *Emotion 22*, n.º 5 (2022): 1044-1058.
19. Gregory N. Bratman y otros, «Nature experience reduces rumination and subgenual prefrontal cortex activation», *PNAS 112*, n.º 28 (2015): 8567-8572; Jo Barton, Rachel

Hine y Jules Pretty, «The health benefits of walking in greenspaces of high natural and heritage value», *Journal of Integrative Environmental Sciences 6*, n.º 4 (2009): 261-278.

20. Rudd, Vohs y Aaker, «Awe expands people's perception of time»; Bai y otros, «Awe, daily stress, and elevated life satisfaction».
21. Michelle N. Shiota, Dacher Keltner y Amanda Mossman, «The nature of awe: Elicitors, appraisals, and effects on self-concept», *Cognition and Emotion 21*, n.º 5 (2007): 944-963.
22. Ari Howard, «Looking on the bright side: 7 internet sites to find positive stories and news», AllConnect, 17 de octubre de 2020, https://www.allconnect.com/blog/good-news-websites
23. Nicholas W. Eyrich, Robert E. Quinn y David P. Fessell, «How one person can change the conscience of an organization», hbr.org, 27 de diciembre de 2019, https://hbr.org/2019/12/how-one-person-can-change-the-conscience-of-an-organization
24. Kross, *Cháchara*.
25. Elizabeth Bernstein, «How to move forward after loss», *Wall Street Journal*, 6 de abril de 2021, https://www.wsj.com/articles/finding-meaning-as-we-grieve-a-year-of-pandemic-loss-11617724799

Adaptado a partir de contenido publicado en hbr.org, 25 de agosto de 2021 (producto #H06JG2).

11

Cuatro frases que erigen una cultura de la curiosidad

Scott Shigeoka

La curiosidad es una de las prácticas más poderosas que se pueden insuflar en la cultura de una empresa. La investigación ha demostrado que los trabajadores ven a sus jefes como personas más cercanas y amigables cuando reconocen que sus creencias pueden estar equivocadas.[1] La curiosidad también reduce el burnout y el estrés del personal, y se asocia con mayores niveles de creatividad e innovación.[2] Cuando se forja una cultura de la curiosidad, las personas sienten que se las mira y se las escucha; en definitiva, sienten que importan de verdad. Este tipo de cultura empresarial positiva hace maravillas en pro del bienestar de los trabajadores, facilita la captación de talento e incrementa los índices de retención, la productividad y la satisfacción en el trabajo.

Sin embargo, los jefes suelen equivocarse en un aspecto clave de la curiosidad: tienden a limitar su definición a la de una especie de motor para obtener información, algo que impulsa la exploración y el aprendizaje, por ejemplo. En cambio, debemos ver la curiosidad como una práctica más amplia; es más que una mera búsqueda intelectual: es un motor de conexión.

Tenemos, pues, que alejarnos de la *curiosidad superficial* y abrazar la *curiosidad profunda.* Este es el tipo de curiosidad que nos aportará algo más que datos o hechos, pues se trata de una práctica centrada en desenterrar historias, valores, experiencias y sentimientos, de modo que, cuando las conversaciones van más allá de la superficie, la curiosidad llega a fortalecer las relaciones laborales, fomentar una mejor autocomprensión como líder y ayudar a gestionar los conflictos y la ansiedad en el entorno laboral.

La curiosidad es una herramienta excepcionalmente eficaz que los líderes pueden usar para guiar a equipos diversos en una época cada vez más compleja, caracterizada por los avances tecnológicos y un pulso cultural en constante cambio.

Durante la preparación de *Seek: How Curiosity can transform your life and change the world*, al tiempo que investigaba sobre la curiosidad en el Greater Good Science Center de la Universidad de California en Berkeley, e impartía mis cursos en la Universidad de Texas en Austin, he descubierto cuatro afirmaciones clave que, si las usas con intención, pueden ayudarte a erigir una cultura de la curiosidad en tu entorno laboral.

«No lo sé»

La humildad intelectual es un concepto que los investigadores definen como «el grado en que las personas reconocen que sus creencias pueden estar equivocadas».[3] Comprender las limitaciones de la propia mente y abrirse a la sabiduría de los demás es un principio fundamental de la curiosidad. Muchos líderes temen decir «no lo sé» por miedo a parecer que tienen poca preparación para el trabajo que se les ha encomendado. Pero las investigaciones sobre la humildad intelectual demuestran que a quienes la practican rara vez se les percibe como menos competentes;[4] de hecho, ocurre lo contrario: se les considera *más* competentes y se les ve desde una óptica más positiva, como personas más cercanas y amigables. Los miembros de cualquier equipo prefieren estos rasgos en un líder, ya que son ingredientes esenciales para generar confianza.[5] Decir «no lo sé» también indica que una persona no es arrogante, que no cree tener todas las respuestas y que está abierta a las ideas de los demás.

No obstante, hay que acompañar esta afirmación con una línea de actuación, porque los líderes siguen teniendo que difundir una cultura de aprendizaje y crecimiento, además de una sensación de confianza en el futuro. Preguntar a un equipo algo parecido a «Pero ¿cómo podemos aprender más?» genera la clase de curiosidad que fomenta la participación, la colaboración y la resolución de problemas.

Practicar la humildad intelectual también puede reducir la ansiedad en el trabajo. El sorprendente hallazgo de un estudio al respecto reveló que la humildad intelectual se asociaba de forma negativa con la ansiedad, y de forma positiva con la felicidad y la satisfacción general con la vida.[6]

«Cuéntame más»

Durante décadas, los psicólogos John Gottman y Julie Schwartz Gottman han estudiado cómo fortalecer nuestras relaciones sentimentales. Y han descubierto que un ingrediente fundamental para que los matrimonios duren más y sean más sanos y felices es responder a las «demandas» de atención de tu pareja, algo que también puede aplicarse al trabajo.

En otras palabras, cuando tu pareja te diga: «Me está gustando mucho este libro», «He visto una cosa muy chula en mi paseo» o «He tenido un día duro en el trabajo», responde con algo más que un simple «Qué bien» o «Me sabe mal oír eso». Dirígete a tu pareja con curiosidad: «Cuéntame más sobre el libro. ¿Qué te está gustando?», «Explícame lo que viste en tu paseo», o «¿Qué es lo que te ha pasado hoy?». Si en momentos como estos no respondes de forma significativa, estás perdiendo una gran oportunidad de conectar.

En el trabajo es seguro que recibirás un montón de demandas de atención por parte de tu equipo. Tal vez te digan cosas como «Estoy aprendiendo mucho sobre la IA generativa y es muy emocionante» o «El plazo previsto para este proyecto me parece demasiado ambicioso». El caso es que, al pasar por alto estas demandas de atención, perdemos oportunidades para mantener o fortalecer las relaciones con las personas con las que trabajamos. Así que, en lugar de pasar directamente al siguiente punto del orden del día, responde con un «Cuéntame más».

Fortalecer nuestras conexiones con los demás no es solo un acto típicamente humano que nos hace sentir bien; también es positivo para las empresas. Fomentar un entorno de apoyo puede reducir el burnout y el estrés de la plantilla. Las relaciones positivas en el trabajo se asocian, además, a niveles más altos de creatividad e innovación.[7]

«Soy consciente de que eres más que tu trabajo»

En la vida de un profesional pasan muchas cosas: el diagnóstico de cáncer de un familiar, tener un bebé, una crisis de pareja, una mudanza, la preparación de un voluntariado para recaudar fondos o el afrontamiento de las dificultades que un hijo o hija tiene en la escuela. A los trabajadores también les afecta lo que ocurre en el mundo, por ejemplo, si se comete un delito de odio en su comunidad o existe una amenaza de catástrofe natural que provoque ansiedad o miedo.

Cuando se ignora lo que ocurre en la vida personal de la plantilla de una empresa se está perdiendo la oportunidad de detectar posibles *conflictos entre el trabajo y la vida personal.* Los investigadores describen este fenómeno como la situación en que las exigencias del trabajo (viajes, horarios irregulares o tardíos, estrés laboral, etc.) chocan con las de la familia (llevar a tu hijo a clase de natación, asistir a un acontecimiento de relevancia para la pareja, cuidar de un mayor, etc.).[8] Varias investigaciones han revelado que tales conflictos no resueltos tienen consecuencias en la productividad y el rendimiento laboral de la gente, provocan una mayor rotación laboral y afectan de manera negativa a la seguridad psicológica.[9]

Para reducir el conflicto entre trabajo y vida personal hay que empezar por reconocer que todo el mundo se ve afectado en mayor o menor medida por su vida y sus relaciones personales, y por los acontecimientos mundiales. Lo que ocurre fuera del trabajo repercute, sin duda, en la vida profesional.

La creación de políticas organizativas como la concesión de bajas por nacimiento o enfermedad, el apoyo a la salud mental o la atención sanitaria integral alivian algunos de los males asociados al conflicto entre trabajo y vida personal. Y reconocer, como líder, estos conflictos también abre las puertas a la curiosidad profunda; si tienes presente la vida de tu personal fuera del trabajo eso hará que los equipos compartan, si así lo desean, más detalles sobre las dificultades a las que se enfrentan en casa, lo que a su vez te proporcionará, como líder, una mejor idea de cómo ofrecer apoyo. Si esto tiene éxito, no solo reforzará la relación con el equipo y mejorará la vida privada de cada individuo, también contribuirá al éxito de la empresa.

«¿Alguien más...?»

La cultura laboral contemporánea da prioridad a las respuestas por encima de las preguntas, y presenta un sesgo hacia *quien* tiene las respuestas. Por culpa de las suposiciones, muchas veces impedimos que determinadas personas aporten sus ideas o soluciones, y es que creemos que, por ejemplo, solo los desarrolladores (o el equipo directivo, o los ingenieros) tienen algo valioso que aportar.

No obstante, los grandes líderes saben que las ideas y soluciones pueden provenir de «sospechosos poco habituales» a quienes rara vez se convoca a las sesiones de lluvias de ideas o de toma de decisiones. Una vez, mientras enseñaba prácticas de curiosidad a la plantilla de Pixar Animation Studios, un animador compartió con el resto una experiencia que había conformado su visión sobre cómo hacer películas. El director lo llevó a él y algunos otros miembros del equipo de Pixar a una sala para visionar una escena de una próxima película. Cuando pidió feedback, alguien levantó la mano y advirtió: «Pero yo solo soy contable». El director le respondió: «Te contrataron para trabajar en Pixar porque tu voz, tus pensamientos y tus ideas tienen valor... Tú también puedes hacer que esta película sea mejor».

Y es que, tras años realizando posiblemente las mejores películas de animación que se hayan visto jamás, los directivos de Pixar se dieron cuenta de que recabar opiniones de grupos diversos iba a proporcionarles más y mejores puntos de vista; al sentir curiosidad por las opiniones de quienes no ostentaban el cargo de «guionista» o «animador», obtenían conocimiento y sabiduría de un grupo verdaderamente amplio e interesante. De ese modo evitaron el pensamiento de grupo homogéneo.

Sea cual sea el tamaño de tu empresa o el sector al que se dedique, puedes incorporar este tipo de curiosidad a ella preguntando: «¿Alguien más tiene ideas o soluciones diferentes que ofrecer? ¿A quién más podemos preguntar?». Si formas parte de una organización sin ánimo de lucro, este grupo podría estar formado por las personas que se beneficien de tu trabajo, como las comunidades a las que ayudas. En una pequeña empresa serían tus proveedores o clientes. O puedes acercarte a un departamento diferente de tu propia compañía para encontrar a alguien que aporte una nueva perspectiva, como le sucedió a aquel contable de Pixar. Las ideas y soluciones más brillantes tal vez provengan de las personas más inverosímiles, siempre y cuando sigas preguntado: «¿Alguien más...?».

Incorporar estas cuatro frases a tu trabajo acelerará tu avance, el de tu equipo y el de tu organización hacia la curiosidad profunda. Pero su impacto no se detiene ahí: la investigación ha demostrado que cuantas más personas vean la curiosidad como algo valioso y lo demuestren empleando este tipo de frases, más probable será que otros adopten esta práctica.[10] Porque la curiosidad es contagiosa; cuanto más la practiques de forma visible con tus equipos, más probable será que sigan tu ejemplo; así es como se erige la cultura de una organización.

SCOTT SHIGEOKA es un experto en curiosidad reconocido en el ámbito internacional, conferenciante y autor de *Seek: How Curiosity can transform your Life and change the world*. Es conocido por trasladar la investigación a estrategias que promueven el bienestar positivo y las relaciones estrechas en todo el mundo. Esto lo hace, por ejemplo, en el Greater Good Science Center de la Universidad de California en Berkeley, así como a través de sus populares cursos en la Universidad de Texas, en Austin. Implementa sus prácticas de curiosidad con líderes del sector público, empresas de la lista *Fortune* 500, Hollywood, empresas de comunicación, instituciones educativas y pequeñas empresas.

Notas

1. Adam K. Fetterman y otros, «On the willingness to admit wrongness: Validation of a new measure and an exploration of Its correlates», *Personality and Individual Differences 138* (2019): 193-202.
2. John R. B. Halbesleben y M. Ronald Buckley, «Burnout in organizational life», *Journal of Management 30*, n.º 6 (2004): 859-879; Feiyuan Cao y Haomin Zhang, «Workplace friendship, psychological safety and innovative behavior in China: A moderated-mediation model», *Chinese Management Studies 14*, n.º 3 (2020): 661-676.
3. Mark R. Leary y otros, «Cognitive and interpersonal features of intellectual humility», *Personality and Social Psychology Bulletin 43*, n.º 6 (2017): 793-813.
4. Fetterman y otros, «On the willingness to admit wrongness».
5. Daniel W. Newton y otros, «Voice as a signal of human and social capital in team assembly decisions», *Journal of Management 48*, n.º 8 (2022): 2255-2285.
6. Neal Krause y otros, «Humility, stressful life events, and psychological well-being: Findings from the landmark spirituality and health survey», *Journal of Positive Psychology 11*, n.º 5 (2016): 499-510.
7. Halbesleben y Buckley, Burnout in organizational life»; Cao y Zhang, «Workplace friendship, psychological safety and innovative behavior in China».
8. Ellen Ernst Kossek y Kyung-Hee Lee, «Work-family conflict and work-life conflict», *Business and Management* (2017), https://doi.org/10.1093/acrefore/9780190224851.013.52

9. Sheena Johnson y otros, «The experience of work-related stress across occupations», *Journal of Managerial Psychology 20*, n.º 2 (2005): 178-187; Jeffrey H. Greenhaus y Nicholas J. Beutell, «Sources of conflict between work and family roles», *Academy of Management Review 10*, n.º 1 (1985): 76-88; Bojan Obrenovic y otros, «Work-family conflict impact on psychological safety and psychological well-being: A job performance model», *Frontiers in Psychology 11* (2020), DOI: 10.3389/fpsyg.2020.00475
10. Rachit Dubey, Hermish Mehta y Tania Lombrozo, «Curiosity is contagious: A social influence intervention to induce curiosity», *Cognitive Science 45*, n.º 2 (2021), DOI: 10.1111/cogs.12937

Adaptado a partir de contenido publicado en hbr.org, 1 de noviembre de 2023 (producto #H07VK8).

Índice